みんなの作りおき日記

週末ひと手間、平日らくらく。

はじめに

　週末に作りおきをたくさんして冷蔵庫に入れておき、平日は手早く食事やお弁当の支度をしている人が増えています。

　本書は、大人気のブロガーさん＆インスタグラマーさん39人による、実際の作りおきの記録帳です。

　朝がラクになる、お弁当や朝食のための作りおき。夕食を手早く用意するための作りおき。小さなお子さんや、食べ盛りのお子さんのための作りおき。野菜たっぷりの作りおき。そしてそれをどうやって食べているのか、冷蔵庫ではどんな感じに保存しているのかなども見せてもらいました。

　ただ野菜を洗っておくだけ、切っておくだけという作りおきだってあり。頑張り過ぎず、自分なりのペースで作りおきを続けている人たちならではのやり方や考え方、ちょっとした工夫がとても参考になります。

　作りおきメニューのネタ帳として。また、今週末は作りおきを頑張ってみようかなというモチベーションアップの素として、めくるだけでも楽しい1冊です。

Contents
みんなの
作りおき日記
目次

01 スガさん
Suga

疲れていても、冷蔵庫を開けたら好きなものが食べられる喜び！

010

02 nozomiさん
nozomi

忙しくても家庭料理が食べたいので続けています。

016

03 YUKAさん
YUKA

お弁当の彩りを考えて食材、調理法を選んでいます。

022

04 Tammyさん
Tammy

日々をていねいに。旬の食材を食卓に並べたい。

028

05 rinopin17さん
rinopin17

時間と気持ちに余裕があるとき作りおきをしています。

036

06 ペコさん
Peko

家族との時間を大切にするための作りおき。

042

07 鈴木美鈴さん
Suzuki Misuzu

心と時間にゆとりを持つために。心を込めて作りおき。

048

08 Yuu*さん
Yuu*

おいしくお酒を飲むためにも。やっぱり自分の手作り料理が一番！

052

09 環さん
TAMAKI

健康を意識しながら「お弁当基準」の作りおきをしています。

056

10 みゆさん
miyu

作りおきは明日の私へのプレゼント。

060

11 manaさん
mana

自分と家族のお弁当をラクにしてくれる作りおき。

064

12 マリア358さん
Maria358

お料理大好き。楽しみながら、週末に作りおきしています。

068

13 玉田悦子さん
Tamada Etsuko

簡単なのにこれおいしいね！と言われるアレンジレシピ。

072

Contents
005

Contents

14 尾崎友吏子さん
Ozaki Yuriko
076
忙しくても子どもを「待たせない食卓作り」を心がけています。

15 たきひろみさん
Taki Hiromi
080
季節の保存食を瓶詰めに。手作りが大好きです。

16 あゆ夫さんさん
ayuosan
084
お気に入りの野田琺瑯で常備菜作りを楽しく。

17 夕美さん
yumi
088
とにかくおうちごはんが好きな家族のために。

18 aya***さん
*aya***
092
食べることが大好きな3人の子どもたちのために。無理せず楽しく♪

19 mihoさん
miho
096
明日の私が笑っていられるように。週末楽しく作りおき♪

Contents
006

20 satokoさん
satoko

常備菜は和朝食、お弁当、夕飯の副菜に大活躍です。

100

21 mikaさん
mika

おいしくて安全だから作れるものは自分で作りたい。

104

22 ビボコさん
vivoco

野菜たっぷり、素材の味を生かした作りおきで、豊かな粗食生活。

108

23 HANAMARUさん
HANAMARU

子どもの体をつくるおいしくて栄養たっぷりの作りおき。

112

24 ホロンさん
holon

お掃除、お片づけが好き。スッキリ、整理整頓した冷蔵庫に作りおきを収納しています。

116

25 まさりんさん
masarin

お弁当作りを少しでもラクに負担なく続けるために。

120

26 kimiさん
kimi

食事は大事！野菜多めの手作り料理のために。日々奮闘中です。

122

Contents
007

Contents

27 永森茉莉子さん
Eimori Mariko
双子育児で毎日奮闘中。作りおきが大活躍♪
124

28 hananaさん
hanana
おいしい食事は頑張っている自分へのごほうびです。
126

29 山本舞美さん
Yamamoto Mami
料理をはじめ、物作りが好き。いろいろ工夫していきたい。
128

30 美奈子さん
MINAKO
食事をおろそかにしたくないから。作りおきは自分へのプレゼント。
130

31 HUEさん
HUE
日々のご飯作りの時間が断然短くなりました！
132

32 naomiさん
naomi
週末の作りおきが私のリフレッシュタイムになっています。
134

33 更紗さん
Sarasa
買い物は月2回。節約しながら、季節の野菜たっぷり、品数も多く作りたい！
136

Contents
008

34 飯田聡実さん
Iida Satomi

作りおきは私にとって大切な時間管理術。

138

35 yoccoさん
yocco

家族みんながホッとできるような、普通だけどおいしい食事を目指しています。

140

36 ゆきママさん
yuki mama

仕事と家事の両立のために。私なりの週末作りおき。

142

37 AKANEさん
Akane

自分のペースで無理せず作りおき。

144

38 chicchi07さん
chicchi07

WECKは保存期間が長くてとても便利です。

146

39 大木聖美さん
Ohki Satomi

作り過ぎず、2、3日で食べ切れる量を作っています。

150

Contents
009

01 スガさん
Suga

「週末の作り置きレシピ
——1週間のおかず作り置きで、今週も、
らくらく・おいしく・ヘルシーに。」
http://mayukitchen.com/

作りおき歴	数品なら7〜8年ほど前から
作りおきをする日は？	日曜日。下準備を土曜にやることも
作りおき開始の時間と所要時間は？	日曜日午前中から。3時間前後
作りおきする品数は？	12品前後。時折、ソース類2〜3品

疲れていても、冷蔵庫を開けたら好きなものが食べられる喜び！

酒と料理と音楽好きの、40代の働くおかあさんです。関西人ですが、2014年9月より、東京で単身赴任中です。「口にするものすべてが、明日からの体を作る」そんな私の作りおきのモットーは、次の3つです。クローゼットから好きな洋服を選ぶように、冷蔵庫を開けたら好きな食べ物を選べる。疲れても、これさえ食べたら元気になる！　というメニューが、いつもある。お弁当作りも楽勝。

▶ 2014/10/13 | 2014年10月13日の作りおき

里いもの梅和えサラダ、キャベツとりんごのマリネ、ひじきとアボカドのサラダ、海藻ときゅうりと春雨の酢の物、タンドリーチキン、切り干し大根と薄揚げの煮物、もやしとわかめのナムル他5品

3年前ほどから仕事が非常に忙しくなり、終電、徹夜も増えてきて「あ、詰んだ」と思ったことから、週末にガッツリ1週間分の作りおきをするように。気づけば毎週作っているのが、「海藻ときゅうりと春雨の酢の物」。お弁当のすき間埋めやカロリーコントロールにも役立っています。

01:Suga

▶ 2014/11/03 | 2014年11月3日の作りおき

さんまの梅煮、ひじきとひよこ豆のサラダ、野菜たっぷりヤムウンセン、たたき梅とひじきの春雨サラダ、山形のだし、もやしと春雨の中華サラダ他6品

- - - - - - - - - - - - - - - - - - -

タイのサラダ「ヤムウンセン」は私が大好きな定番作りおきメニューです。作り過ぎて少し飽きたくらい。が、たまに禁断症状が出て、食べたくなります。「山形のだし」も定番。いただくと、まるで脳に幸せな成分が分泌されている気分になります。材料を細かく切って、だししょうゆや、めんつゆで和えるだけなのでとても簡単です。

▶ 2014/12/07 | 2014年12月7日の作りおき

キャベツとりんごのマリネ、ひじきたっぷり炒り高野、さばのみそ煮、根菜たっぷり豚汁、やわらか鶏ごぼう他6品

- - - - - - - - - - - - - - - - - - -

私が毎週欠かさず作っているのが、「ひじきたっぷり炒り高野」。ミネラルと繊維質たっぷり、アレンジも保存も利く、とても優秀な一品です。混ぜご飯にしてもとてもおいしく、これはオールシーズン外せません！ 汁気がほとんどなくなるまでしっかり炒め煮にして、消毒した容器に入れておけば1週間冷蔵可能です。

▶ 2014/08/30
主食は「最強飯」で決まり！

最強飯（麦、豆、玄米、黒ごま）

私が「最強飯」と名づけている、栄養満点の主食。それは麦飯を発展させたもので、麦と大豆と玄米、同量を入れ、黒ごまもプラスしたものです。作り方は、豆、麦、玄米を同量、洗って炊飯器に入れ、一晩（6時間以上）寝かして吸水、そのまま普通の水加減で炊飯モードで炊くだけ。最後に黒ごまを加えて、全体をよく混ぜ合わせてできあがり。「ひじきたっぷり炒り高野」と混ぜご飯にすると格別！

▶ 2015/01/04
2015年1月4日の作りおき

にしん昆布巻き、キャベツとりんごのマリネ、ミネストローネ（鶏だんご入り）、チリコンカン他5品

三が日も終わり、明日から平常稼働です。お正月大好きなので、関西の家であえて大量に作った昆布巻きを東京に持って帰ってきました。野菜がものすごく高いので、しばらくは乾物とトマト缶が活躍しそうです。

▶ 2015/01/11 | 2015年1月11日の作りおき

さつまいもとアボカドのサラダ、かぼちゃのコンソメサラダ、ひじきたっぷり炒り高野、白菜が丸ごと食べたくなる簡単サラダ、さつまいものわさマヨサラダ、関西風おでん他6品

私の一番の大好物、関西風おでん。朝晩1日2回煮返せば、5日間ほど持ちます。疲れて帰ってきても、味のしみたおでん、それにお酒があると、もうそれだけでリセット＆充電完了です。

01:Suga
012

▶ 2015/03/01 | 2015年3月1日の作りおき

さつまいものわさマヨサラダ、キャベツとりんごのマリネ、キャロット・ラペ（今回もパプリカ、マスタード入り）、もやしと春雨の中華サラダ、大根の葉・かぶの葉のふりかけ（かつおぶし＆刻み昆布＆しょうが入り）、海藻ときゅうりと春雨の酢の物、おからのトマト煮他4品

私は甘いものが苦手で、いわゆる「いもくりなんきん」が苦手です。ついでにマヨネーズもあまり得意ではないです。そんな私でも、つけ合わせに、また酒の肴として、むしゃむしゃ食べてしまうのが「さつまいものわさマヨサラダ」。わさび風味でツーンと辛いのにおいしいのです。

▶ 2015/02/13 | 冷凍庫の収納について

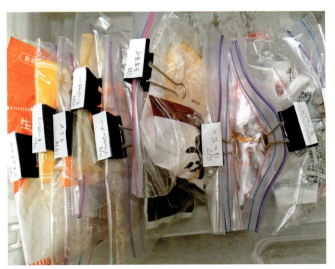

冷凍庫では、ほぼすべての食材は、本のように立てて並べています。マスキングテープに品目と冷凍日を記入したものを、ダブルクリップにラベルとして貼っています。これがもう、とんでもなく便利です。立てて並べても上から見て、何があるか、いつ冷凍したかが、ひと目で把握できます。保存袋＋ダブルクリップ＋マスキングテープは、本当におすすめです！（ぬれた手でダブルクリップをさわると低温やけどするので要注意です。）

01:Suga
013

▶ 2015/04/12 | 2015年4月12日の作りおき

たいめいけんコールスロー、おからの煮物(ひじき、ぶなしめじ入り)、ひじきたっぷり炒り高野(えのき入り)、もやしと春雨の中華サラダ(にんじん入り)、海藻ときゅうりと春雨の酢の物、若竹煮他5品

だしをたっぷりと利かせたおからの煮物。子どもの頃は好きではありませんでしたが、大人になり、居酒屋で食べたおからの煮物のおいしさに衝撃を受けて、自分でも作るようになりました。油を使わず、だしを濃いめに利かせ、長ねぎをたっぷり加えて香りを出し、甘さを控えて仕上げています。

▶ 2015/04/13
1週間の食事例(昼食) 作りおきはこうしていただいています

最強飯、ひじきたっぷり炒り高野、おからの煮物(卯の花の炒り煮)、菜の花のおひたし(他に納豆2パック、みそ汁)

2015年4月12日の作りおきをもとにした、実際の昼食です。私は大食いですので、ランチジャーはご飯1.6合タイプを愛用。本来スープが入る容器に、いつも、ひじきたっぷり炒り高野を詰めて、最強飯と混ぜご飯にしながらいただいています。

▶ 2015/04/17
1週間の食事例(夕食) 作りおきはこうしていただいています

野菜たっぷりヤムウンセンの「なんちゃってフォー」、たいめいけんのコールスロー、海藻ときゅうりと春雨の酢の物、さつまいものわさマヨサラダ、菜の花のおひたし

今回は、野菜たっぷりヤムウンセンを、フォーのようにしていただきました。食生活に「まごわやさしい」を取り入れてからは、風邪をひかないようになり、多少(相当)無理をしても疲れ知らず、回復力がとても早くなり、毎日とても健康で過ごすことができています。

01:Suga

▶ 2015/04/05
作りおきのコツ・ポイント

せっかく作った作りおき。長持ちさせるためのコツとしては、よく加熱すること、水気を切ること、スパイス、オイル、酢を利かせること、よく冷ましてから冷蔵庫へ入れること、おはし、スプーンは使い回さないことなどが大切です。私は、作りおきを保存容器やお弁当箱に詰める際は、アルコールで拭いてから詰めています。100％食品に使える原料から作られているアルコール消毒スプレーが便利です。

▶ 2015/05/02
2015年5月2日の作りおき

もやしとわかめのナムル、海藻ときゅうりと春雨の酢の物、ひじきとミックスビーンズのサラダ、切り干し大根と糸昆布のあっさりハリハリ漬け、やわらかチキン（仕込み中）、酢みそ、スイートチリソース、たたき梅とひじきの春雨サラダ、玉ねぎたっぷりドレッシング、ひじきたっぷり炒り高野

今日から連休。いつもの半分以下の量ですが、これだけあれば連休明けも、お弁当を含めて安泰です。

▶ 2015/08/10
2015年8月10日の作りおき
（8品＋ソース類）

夏野菜の揚げない揚げびたし、夏野菜たっぷりラタトゥイユ、ローストビーフのソース、玉ねぎたっぷりドレッシング、あっさり照り焼きチキン（漬けおき）、山形のだし、蒸し鶏の梅和え、ひじきたっぷり炒り高野、ローストビーフ、タンドリーチキン（漬けおき）

今週1週間は夏休みです！　土日を足すと9連休の休みをいただけるなんて、今の仕事をしてから初めて。明日から相方氏が来ます。だいぶ肉料理多めで迎えます。

Column 01
スガさんのおいしい作りおき。

▶ 作りおき定番メニュー

ひじきたっぷり炒り高野、海藻ときゅうりと春雨の酢の物、おからの煮物（卵の花の炒り煮）、野菜たっぷりヤムウンセン、山形のだし、夏野菜たっぷりラタトゥイユ、関西風おでん、野菜たっぷり根菜汁。

▶ 簡単作りおきメニュー

レタスとツナとミックスビーンズの簡単チーズサラダ、チキンナゲット、夏野菜の揚げない揚げびたし。

▶ 好評&大好きな作りおきメニュー

休日に作る本格スパゲッティ・ボロネーゼ（ミートソース）、本格タンドリーチキン、ブロッコリーとゆで卵のマスタードマヨサラダ、あっさり照り焼きチキン。

02 nozomiさん
nozomi

➡ 「つくおき」
http://cookien.com/

作りおき歴
2009年から
作りおきをする日は？
土曜日に買い出して、日曜日に作りおき
作りおき開始の時間と所要時間は？
平均午前9時から12時まで
作りおきする品数は？
10〜14品（メイン4品）

忙しくても家庭料理が食べたいので続けています。

大阪府出身神奈川県在住の29歳。都内勤務のシステムエンジニア。平日はフルタイムで働く共働き夫婦です。社会人1年めのひとり暮らしの頃から作りおきが習慣になり、結婚をしてからはより多くのおかずを作りおきするようになりました。料理上手な母の手料理で育ったため、忙しくても家庭料理を食べたいと思い、今のスタイルに落ち着いています。ブログ「つくおき」で、レシピをわかりやすく掲載しています。

▶ 2014/11/23 ｜ 一週間の作りおきレポート

鶏むね肉のから揚げ、鮭とれんこんのアヒージョ風、しらたきの炒め物、れんこんとかぼちゃのピーナッツクリームサラダ、さつまいものレモン煮、スパイシーミートボール、BBQソース風ミートボール、切り干し大根のシーマヨ和え、ブロッコリーの塩ゆで、ふかしじゃがいものツナ和え、スパイシーポテト、ピクルス、セロリの浅漬け、にんじんしりしり、青菜のおかか和え

さつまいものレモン煮は、定番の常備菜。さつまいも2分の1を、輪切りにして水にさらし、鍋にさつまいもを入れ、水をかぶるくらい入れ、砂糖大さじ2、レモン汁小さじ2を入れ、落としぶたをして煮るだけ。めちゃくちゃ簡単で日持ち抜群です。

▶ 2014/12/21 | 一週間の作りおきレポート

煮卵、スライス野菜のオーブン焼き、もやしのピリ辛ごま和え、きんぴらごぼう、オーブン焼きから揚げ、ふかしじゃがいものツナ和え、しらたきうまうま野菜炒め、オイスター鶏ももから揚げ、豚のしょうが焼き、青菜のおかか和え、ちくわのねぎみそ焼き

今週は野菜が少々高め。年末で飲みが増えるので、お財布にもカロリーカットにもうれしい、もやし、しらたきのおかずを。もやしのピリ辛ごま和えは、しょうゆ、中華スープの素、にんにくチューブ、豆板醤、ごま油で簡単にできます。しらたきうまうま野菜炒めは、しらたきとピーマン、にんじん、ちくわを、しょうゆとオイスターソース、酒、うまみ調味料でよーく炒めたものです。

▶ 2015/01/12 | 一週間の作りおきレポート

手羽先のオーブン焼き、いんげんと新じゃがのオイル炒め、コーンバター炒め、にんじんしりしり、ほうれん草のおかか和え、大根とセロリ葉の浅漬け、切り干し大根の煮物、さばとトマトのアヒージョ風、さつまいものレモン煮

手羽先が安かったので、手羽先のオーブン焼きを作りました。たっぷりこしょうをふってスパイシーに。手羽先をオーブンで焼いている間に、フライパンを使う調理をします。日曜日にまとめて作りおきをするので、並行調理ができ、時短できるオーブンは助かります。

02:nozomi

▶ 2015/02/22　一週間の作りおきレポート

きんぴらごぼう、ほうれん草のおかか和え、ごぼうのごまみそれ、小松菜の炒め物、鮭とアスパラのアーリオ・オーリオ風、こんにゃくとツナ昆布の炒め物、鶏ももから揚げ、オイスター塩豚ロース焼き、焼き豚、れんこんとさつまいものピーナツクリームサラダ、れんこんとかぼちゃのバルサミコ酢サラダ

- - - - - - - - - - - - - - - - -

副菜は7品、メインは4品作りました。豚ロースが結構大きかったので、半分に切って2種類の味つけにしました。ふたつとも同じ天板に並べて、野菜で区切って調理しました。やってみるとすごい楽で、一気に2品に作れるのでお得感満載。これから多用しそうな気配です。

▶ 2015/3/22　一週間の作りおきレポート

煮込みハンバーグ、長ねぎ豚ロース巻き、ツナとじゃがいものクロケット風、なすの揚げびたし、小松菜炒め、焼き豚、鮭の竜田揚げ風、れんこんとかぼちゃのピーナツクリームサラダ、キャベツの酢漬け、ピクルス、コールスロー、即席みそ汁のもと、塩豚焼き、しらたきうまうま野菜炒め、きゅうりのピリ辛和え

- - - - - - - - - - - - - - - - -

副菜は9品、メインは5品作りました。それと「即席みそ汁のもと」を作りました。みじん切りにした細い長ねぎ4本をしんなりするまで炒め、みそ200g、だしの素30g、乾燥わかめを混ぜ合わせ、保存容器に入れておくだけ（約15食分）。沸騰したお湯を注ぐだけで食べられます。作っておくとメチャクチャ便利！

02:nozomi

▶ 2015/04/19 一週間の作りおきレポート

水菜とパプリカのツナサラダ、きのこのオイル煮、かぼちゃのグリル、豚肉の甘辛煮込み、エスニック風鶏だんご、ニラ入りれんこんまんじゅう、小松菜ナムル、ハニーマスタードローストポテト、ニラ玉春雨、オイスター鶏ももから揚げ、手羽元のオーブン焼き、ちくわとこんにゃくの煮物、ピクルス、アーリーレッドの和風ピクルス

来週半ばからゴールデンウィークに入り、稼働日も少ないので、来週の作りおきを楽するために日持ちが長いピクルスを作っておきました。また今週は飲み会が2夜あり、メインのおかずが余る可能性があるため冷凍できるおかずを選んでいます。

▶ 2015/05/10 一週間の作りおきレポート

手羽元のゆずこしょうオーブン焼き、ホイコーロー、ひよこ豆のトマトカレー煮込み、ピーマンと卵の炒め物、ねじねじこんにゃくのガーリックおかか炒め、牛肉のしぐれ煮、鮭のオーブン焼き、コーンと玉ねぎのバターしょうゆ炒め、枝豆の塩昆布浅漬け、ズッキーニの浅漬け、にんにくの芽とじゃがいもの炒め物、塩だれ春雨キャベツ、キャベツのペペロンチーノ、お豆と根菜の煮物

今週はキャベツ1玉を使い切るレシピを組もうと試みましたが、惜しくも1／4玉残ってしまいました。1玉使い切るのって結構大変ですよね。使い切れなかった1／4玉はざく切りにして塩で食べときます。

▶ 2015/06/21 │ 一週間の作りおきレポート

蒸し鶏きゅうり、鶏むね肉のピリ辛ケチャップソース、鮭の西京焼き（漬けただけ）、きゅうりのピリ辛ラー油和え、ほうれん草の白みそごま和え、切り干し大根の煮物、コーンと玉ねぎのバターじょうゆ炒め、キャロットラペ、ひじきと根菜の甘辛煮、ピーマンとちくわのきんぴら、ふかしじゃがいものツナ和え、かぼちゃの煮物

- - - - - - - - - - - - - - - -

定番の切り干し大根の煮物。初めは砂糖を入れていましたが、いつの間にか使わなくなりました。ちょっと物足りないときには、塩少々をパラパラッと。味が引き締まります。

▶ 2015/06/28 │ 一週間の作りおきレポート

磯辺から揚げ、タラと彩り野菜のガーリックソテー、鶏むね肉の梅しそ照り焼き、ラタトゥイユ、甘酢ねぎだれ肉だんご、ちくわとゴーヤのチャンプルー、なすのピリ辛ラー油炒め、ピーマンと卵の春雨炒め、さやいんげんのおひたし、トマトのはちみつマリネ、ズッキーニとじゃがいものグラタン、昆布の煮物、切り干し大根と豆もやしのキムチ風、きゅうりの赤みそ漬け

- - - - - - - - - - - - - - - -

副菜は10品、メインは4品作りました。新しく作ってみたおかずが多めで、だらだらっと作っていたら結構時間がかかってしまいました。ひとり暮らしの頃は、飲みながらテンションを上げて料理することもありました。ただ、飲みながら料理すると味がおつまみ系になります。

02:nozomi
020

▶ 2015/07/05 | 一週間の作りおきレポート

ながいもとキャベツのオーブン焼き、豚しゃぶ香味ねぎだれ、お豆とひじきの健康サラダ、えびと玉ねぎのマリネ、いろいろ野菜のレンジ蒸し、かぼちゃのグリルとズッキーニのグリル、鶏つくね、ピーマン肉詰めレンジ蒸し、さばの和風カレー煮込み、ポテトサラダ、ブロッコリーの塩ゆで、ピクルス（角切り）、ズッキーニのしょうゆ漬け、中華春雨サラダ、ズッキーニとヤングコーンのオイルサラダ、コンソメキャベツ

週末の作りおきで一週間過ごすには、在庫のチェックをしっかり行い、食材とおかずの数を把握することが重要です。今週はレンジ調理を多く取り入れて、野菜を多めにおかずを考えてみました。

▶ 2015/08/09
一週間の作りおきレポート

梅しそチーズの棒つくね、カレーマヨチキン、ひじきそぼろ、レンジパプリカ、玉ねぎのオーブンチーズ焼き、ゆでブロッコリー、ブロッコリーとゆで卵のオイマヨ和え、ゆでオクラ、かぼちゃのひき肉あん、切り干し大根とピーマンのエスニック炒め、はるさみんチャンプルー

春雨を使った「はるさみんチャンプルー」は遅めの晩ご飯にもオススメのおかず。

Column 02
nozomiさんのおいしい作りおき。

▶ 作りおき定番メニュー

かぼちゃの煮物、さつまいものレモン煮、キーマカレー、きんぴらごぼう、ピクルス。

▶ 簡単作りおきメニュー

もやしのピリ辛ごま和え、酢ごぼう、えのきとチンゲン菜のおひたし、枝豆ひじきの鶏だんご、手羽先のオーブン焼き。

▶ 好評&大好きな作りおきメニュー

チャプチェ、みそマヨチキン、こんにゃくとツナ昆布の炒め物、煮卵、即席みそ汁のもと。

03 YUKAさん
YUKA

▶ 「YUKA'sレシピ♪」
http://yukarecipe.exblog.jp/

作りおき歴	5〜6年前
作りおきをする日は?	日曜日。足りなくなったら、平日の深夜
作りおき開始の時間と所要時間は?	休日朝1〜2時間。平日15分程度
作りおきする品数は?	肉魚系2〜3種。野菜系6〜7品

お弁当の彩りを考えて食材、調理法を選んでいます。

東京都23区内在住。料理上手ではないただの料理好き。忙しくてもできる時短・簡単を目標に、ちょっとうれしい、なんとなく楽しい。そんなもの作り時間を満喫中。朝できるだけ少ない手間でお弁当を作りたかったので、作りおきを始めました。お弁当の彩りを考え、変色しづらい食材、調理法を選んでいます。

▶ 2014/04/06
週末の常備菜作り

カラフルひじき煮、れんこんきんぴら、アスパラ肉巻き・みそだれ、菜の花、春キャベツのしゅうまい、スナップえんどう、れんこん入りつくねバーグ、春キャベツたっぷり丸メンチ

私の週末恒例、常備菜作り。これをしておかないと大変なことになるのを実感しています。

▶ 2014/06/01
野菜室整理の常備菜作り

新玉ねぎ入りふわふわ肉だんご、セロリと桜えびのしっとりふりかけ、にんじんしりしり、切り干し大根のピリ辛煮、セロリのきんぴら、コロコロひじき煮、餃子

野菜室整理を兼ねて常備菜を作りました。最近時間に追われているのでもう少し計画的にしないと破たんする……気がする(笑)。ということで、できるときにできることを。

▶ 2014/08/17
今週の常備菜

稲荷揚げの煮つけ、ちくわの磯辺揚げ、揚げ出しなす、タコミート、れんこんひじき煮、たけのこの土佐煮

なすは中火で素揚げし、長ねぎみじん切りと白ごま、みょうが、めんつゆの素、水としょうがで作っておいたたれに漬け、冷蔵庫で冷やしてできあがり。冷めてもおいしく、酒好きの友人にも好評です。

▶ 2014/08/17
常備菜で本日のランチ

お昼は常備菜を並べて木製プレートで。こうして盛りつけると、ゆっくり食べる気分になりますねー(笑)。先週炊いた鯛飯をおむすびにして冷凍してあったので、それをメインに。らっきょう漬けは自家製♪

▶ 2014/09/06
ちょっとだけ常備菜

肉じゃが、コロコロひじき煮、空芯菜炒め

なんとなくカロリーが高い感じがして、普段じゃがいもをあまり食べないのですが、そのせいでちっとも減らないので(笑)、珍しく肉じゃが。しらたきを入れることもありますが、基本的にお弁当に入れることを考えるので、できあがり直前に春雨を乾物のまま入れて水分はなくします。春雨は相当水分を吸うので、作って冷めたら水分がなくなりました〜(思惑通り)。

▶ 2014/09/06
常備菜で今日のブランチ

雑穀米おむすび、ウインナー、肉じゃが、空芯菜炒め、大根の梅甘酢漬け、梅甘酢みょうが、らっきょう漬け

今日のブランチ。大根の梅甘酢漬け、梅甘酢みょうが、らっきょう漬けはすべて自家製です♪

▶ 2014/09/21
ポトフ

さて、何日分だろう～っていうほどのポトフ。数日かけて食べます。

▶ 2014/09/27
今週の常備菜は珍しく魚メインで♪

絹厚揚げ煮、鮭の南蛮漬け、平たく焼いた肉だんご、肉だんご、茎わかめと玉ねぎの中華和え、空芯菜のガーリック炒め、かじきフライ下準備

今日はかなり寝坊して、スタートが遅れましたが、常備菜作りは毎週末のお約束です。お魚を調理するぞーと思っていたので鮭の南蛮漬けを作りました。

▶ 2014/10/14
ニクニクしい常備菜

ミニハンバーグ、コロコロメンチ、肉みそ、照り焼きチキン、肉だんご

写真を撮るときは、まだ肉類しかできてなかったので、ニクニクしい感じ（笑）。豚ひき肉500gを4つに分けて、4種類作りました。後は鶏もも肉1枚分で、照り焼きチキン。冷ましたらほとんど冷凍庫行きです。

▶ 2015/01/12
久々の常備菜作り

紫玉ねぎのマリネ、さつまいも煮、きんぴらごぼう、チリコンカン、れんこんの甘酢漬け、かぶの浅漬け、ゆり根の梅肉和え

久々の常備菜。ゆっくり起きて、掃除して洗濯して、夜に常備菜作りしました！　紫玉ねぎのマリネは色がきれいでお弁当の彩りに便利なのでお気に入り。

▶ 2015/01/20
冬のジャーサラダ

ずっと気になっていたジャーサラダ。ふつうはメイソンジャーを使うのでしょうけど、家にあった保存用の瓶を煮沸して。一応、水を入れて振ったり逆さまにしましたがもれはなし。よし、いける。月曜日。フォークとともに持参しましたがおいしかったです♪ 逆さまにしてドレッシングをなじませてから食べました。縦に長いので食べづらいかな？ と思ったのですがそうでもなかったです！

▶ 2015/01/23
お稲荷弁当とジャーサラダ

鮭としその稲荷、ゆり根の梅肉和え、厚揚げのベーコン巻き、ジャーサラダ

最後のボトルサラダ。作ったばかりのときに比べて水分が出て、ボトルの1/3程度のところまできていました。ということは、このくらいの高さまでは、葉物を入れないほうがサラダの持ちが良さそうです。

▶ 2015/01/25
今週の常備菜祭り

鶏ささみのいんげん巻き、レンチンかぼちゃ煮、コロコロひじき煮、かじきフライ、ロールキャベツ、こんにゃく煮、肉だんご

ささみは、まな板にラップをひいてのせ、ラップをかぶせ、たたいて平たくします。いつもこれ、たたいているうちに楽しくなります。めん棒でタッタカタッタカ。ダダダダダン！……ハッ！ 決めポーズ必須（笑）。

▶ 2015/01/30
常備菜で乗り切る週末弁当

れんこん甘酢漬け、肉だんご、焼きがんも、こんにゃく煮、かぼちゃ煮、豆腐のおみそ汁（写真なし）

金曜日。あぁ金曜日。なんとなく長く感じた今週。東京は雪です！ 今週は常備菜で乗り切りました。最後の詰め詰め。まだかじきとひじき煮はあるのでした。はっきり言って、週末の常備菜しか、まともに調理していません（笑）。

▶ 2015/02/08
豆アジの南蛮漬け

豆アジの南蛮漬け

片栗粉をまぶして揚げた豆アジを南蛮漬けに。にんじん・玉ねぎ・豆苗・赤ピーマン入り。初めて作りました〜(笑)。小骨はどうなの？ と思ったのですが、揚げて酢に漬けるからなのか全く気にならず、おいしいではないですかー！これはいいかも。カルシウム取ってます！って感じですね(笑)。

▶ 2015/02/28
お弁当用保存食＆常備菜作り

刻み油揚げ、紅大根のお漬け物、菜の花のおひたし、鶏のから揚げ、油揚げの含め煮、照り焼きチキン、味つけ卵、シャケそぼろ、豚肉そぼろ

昨日の夜は久しぶりに夜中の帰宅になりまして、ちょっとぐったりでした。今日は朝からいい天気で掃除、洗濯、買い物とこなし、常備菜まで作ってやっと一息です。変わらずの常備菜ですがこれがあるとないとではお弁当の楽さが違うのです。

▶ 2015/03/02
から揚げ弁当と大根でバラの花

から揚げ、味つけ卵、紅大根(レディサラダ)のお漬け物、華ハム、菜の花のおひたし、焼きがんも、大根の桜漬け、ミニトマト

常備菜さまさま。あっという間のできあがり〜。あまりに簡単だったので紅大根をちょっとバラ風に(笑)。

▶ 2015/04/07
赤系の常備菜1

紫玉ねぎの甘酢漬け、ミニトマトとラディッシュの甘酢漬け、たことペコロスのコロコロ漬け、紫キャベツのマリネ、ベーコンと赤ピーマンの黒こしょう炒め、カプレーゼ

お弁当の彩りは、白・黒・赤・黄色・緑で構成しますがどうしても茶色くなりがち。お弁当を作るときに助かる、赤系常備菜を作ってみました。

03:YUKA
026

▶ 2015/04/08
赤系の常備菜 2

たことちくわの磯辺揚げ、彩り酢鶏、厚揚げのチリソース、鶏肉とペコロスのチリソース

引き続き、赤系常備菜。常備菜として保存するときは冷めていく間にも味がしみますし、温め直すことも多いので通常のおかずほど味をしみ込ませようとしなくて大丈夫。野菜はさっと火を通す程度にしたほうが色がきれいに残ります。

▶ 2015/06/21
常備菜作り

ミニハンバーグ、照り焼きチキン、モチコチキン（ハワイのから揚げ）用に味つけ、揚げ野菜の煮びたし、赤パプリカのおかか和え、がんも煮、ベビーほたて煮

昨日の夜は疲れて寝てしまい、いろいろ滞っておりますが〜、とりあえず充電しましたw　明日からにそなえて、常備菜作り。これをやらないと乗り切れない気がして ^^;

▶ 2015/07/26
夏の常備菜作り

しそ巻き豚肉の南蛮漬け、鶏もも肉のさっぱり煮、小なすのピリ辛サラダ、塩だれキャベツ、にんじんマリネ、とうもろこし、パプリカピクルス

常備菜の容器はいつも、使う前に洗い直して清潔な状態で使用。常備菜でも冷蔵庫保存、冷凍保存が基本ですが、お弁当に詰める前にもう一度加熱しています。

Column 03
YUKAさんのおいしい作りおき。

▶ 作りおき定番メニュー

余り野菜で作るピクルス、照り焼きチキン、ミニハンバーグ。

▶ 簡単作りおきメニュー

紫玉ねぎの甘酢漬け（酢250cc、砂糖約大さじ6〜7、塩小さじ1／2を煮切り、冷ましたらスライスした紫玉ねぎ1個分を漬け、一晩置く）。

▶ 好評&大好きな作りおきメニュー

揚げだしなす。薬味たっぷりで作ります。油通しすると翌日でもなすが変色しづらいので、私は必ず高温の油でさっと油通しします。

04 Tammyさん
Tammy

➡ 「Cafeteria…こころいろ」
http://cafeteriacocoroiro.blog.fc2.com/
Instagram user name「@t_ammy」
https://instagram.com/t_ammy/

作りおき歴	4、5年前から
作りおきをする日は？	専業主婦なので不定期。空いた時間に
作りおき開始の時間と所要時間は？	午前中に買い物、午後2時間以内
作りおきする品数は？	おかず3、4品。下準備3〜5品

日々をていねいに。旬の食材を食卓に並べたい。

神戸在住、50代主婦。子どもたちが巣立ち、ふたり暮らしになった今。ここからは「日々。ていねいに」楽しんで暮らしていく時間です。なにかを追いかけてもいないし、流されてもいない。出会えるものが縁だと思い、手の中のものを大切にする。住んでいる土地を愛しながら、旬の物を食卓に並べ、おいしくいただく。おなかも心もほっこり満たされるような、そんな空間と食卓を作っていたいと思います。

▶ 2015/05/08 | 今週の冷蔵庫

ミニトマト、豚肉となすの炊いたん、いんげんのごま和え、ひじきの炊いたん、かぼちゃの炊いたん、ブロッコリーとハムと玉ねぎのサラダ、玉ねぎのマリネ

水なすがヒロイン。ここに麦茶も加わって夏の冷蔵庫になっていくなぁ……。かぼちゃの炊いたん冷やして、夏らしいおかずも増えていく。冷蔵庫の整理整頓、ほんと持続って難しい。夫がなんやかんや入れてくる（笑）。整理整頓の一番は持続させること。日々自分にムチ入れてます。

▶ 2015/05/09 | 常備菜で朝食

週末の朝。冷蔵庫にあった常備菜を使い切る。ブルスケッタに変身。パンを薄くしたら何枚でもイケるねぇ。気まぐれな載せ方や種類だから（笑）、早いもん勝ち。あっ！　夫これ食べた！とか。
食べるもので体は作られると思っているので食べることをおろそかにしたくない。できるだけ機械が作ったものではなく誰かがきちんと手をかけたもの、を家族に食べて欲しい。そのために作りおきはとても助かります。

▶ 2015/05/13 | 今週の冷蔵庫

豆腐、しめさば、フリルレタス、新しょうがの塩漬け、菜っ葉とお揚げさんを炊いたん、えび豆、肉じゃが、ミニトマト

新しょうがが出回ってきたので、早速、塩漬けに。これを使って甘酢漬けにしておきます。蓋が白いガラスの保存容器は、以前買った無印良品のものです。私が買った頃はお店にも置いてあったのですが、最近は置いてなくてネット限定販売です。

04:Tammy

▶ 2015/05/14 | 常備菜で朝ご飯

土鍋で炊いたちょっとおこげのあるご飯と、ぬか漬けを一緒に食べる。日本人が感じる究極のおいしさかも。今日も頑張っていきまっしょ。

▶ 2015/06/07 | 今週の常備菜

玉ねぎのマリネ、豆腐粉の炊いたん、ブロッコリー、モロッコいんげん、いんげんの炊いたん、きんぴらごぼう、豚肉のしょうが焼き、ふきのつくだ煮、トマト、ブロッコリーの茎、ぬか漬け

今週の常備菜……って言ってもふたり暮らし。ふたりだから常備菜は残ると大変なことになり、食べ続けることになる。だからいっぱいは作らない。でもあったらすごく助かる。ゆでておいてサラダにしたり炒めたり、応用の利くように。

▶ 2015/07/27
今週の作りおき常備菜と我が家の調味料

焼きなす、きゅうりと酢の物、セロリのサラダ、いんげん、こんにゃくの含め煮、菊菜のおひたし、黒枝豆、かにかま、筑前煮

朝からお買い物へ行って常備菜を作る。ただいまの我が家の愛用調味料は……酢は「宝福一 健康酢」、しょうゆ「三ツ星醤油」、みりん「三河味醂」。この3つが揃っていると、なんでも作れそうでほっとする(笑)。

Column 04
Tammyさんのおいしい作りおき。

▶ 作りおき定番メニュー

ひじきの炊いたん、かぼちゃの炊いたん(魚・鶏)南蛮漬け、いんげんなど豆類を湯がいたもの。

▶ 簡単作りおきメニュー

煮卵。半熟ゆで卵を作り、合わせたれ(酒大5、みりん大2、砂糖大3、醤油大5、水大4)を煮立たせてから、かつおぶし(小パック一袋)を加え火を止め、ペーパーでたれをこし、その中に30分以上漬け込みます。

▶ 好評&大好きな作りおきメニュー

牛すじと大根の煮物、春雨のサラダ、南蛮漬け。春は、いかなごの釘煮、いちごジャム。初夏はたこ、はも、川津えび。秋は、黒豆なども。

▶ 2015/07/29
今週の作りおき

えびを詰めた万願寺とうがらしの揚げ煮、揚げたアジの野菜添えなど。

今津えびをたたいて塩こしょう種をとった万願寺とうがらしに詰めて少し揚げる。揚げたものを再びだし汁の中で少し煮たもの。一夜干しのアジを揚げて、お野菜も添えたもの。
義母が「食」をとても大切にして子どもたちを育てたので、夫は食にこだわりがある(笑)。いろんなことをよく知っていて、食事の時間をとても大事にし、よく食べる。結婚したとき、義母に「食費に一番お金をかけなさいね」って言われたくらい……(笑)。

▶ 2015/08/17

今週の常備菜と冷蔵庫

黒枝豆、なすの焼きびたし、ずいきとお揚げさん炊いたん、ブロッコリー、根菜類とひじきの炊いたん、切り干し大根、きゅうりのお漬け物、春雨サラダ、プチトマト、ほうれん草、にんじんともやしのナムル、三度豆（いんげん）

ふたり分で多分3日持たないはず。うち

の夫はよく食べる。ブロッコリーとほうれん草と三度豆は湯がいただけ。いろんなアレンジが利くように。夜ご飯はこれにお魚を焼いたり炊いたり、お肉を焼いたり……そんなものがメインになります。

▶ 2015/08/18

きょうの朝ご飯　ふわふわえびしんじょ♪

昨晩作った、えびと黒枝豆を使ったふわふわしんじょといろいろ常備菜。この夏は八百屋さんに「ずいき」を教えてもらって、何度も炊いた。体中の血をきれいにしてくれるらしい。まだまだ知らないことがいっぱいある。日本の四季の恵みと先人たちに心から感謝。

▶ 2015/08/27
今週の冷蔵庫と常備菜

とうもろこし、小松菜とお揚げさんの炊いたん、鶏ハンバーグ、なすびとひき肉の炊いたん、えび豆、めざし、こんにゃくに炒め煮、いものつるとにんじんのきんぴら、ミニトマト、オクラとかつおぶし、塩麹鶏、かぼちゃの炊いたん

明日から急きょ、東京へ。夫がひとり留守番なので、今週の常備菜は下ごしらえではなく全部がすぐに食べられるもの。めざしまで焼いといた(笑)。料理のできる夫なので、これだけあればなんとかなるでしょ……(*^^*)

05 rinopin17さん
rinopin17

Instagram user name「@rinopin17」
https://instagram.com/rinopin17/

作りおき歴	10カ月ほど前から
作りおきをする日は？	時間に余裕のあるときに
作りおき開始の時間と所要時間は？	日によりますが、朝5時〜7時くらい
作りおきする品数は？	だいたい12品ほど

時間と気持ちに余裕があるとき作りおきをしています。

のどかな田舎でシンプルライフを送っているアラフォー世代。毎日仕事に行きつつ、時間と気持ちに余裕があるときのみ作りおきをしています。手の込んだお料理はできませんが、家族がいつも健やかでいられるようバランスの良いご飯を心がけて日々奮闘。

▶ 2015/01/22 | 久々の作りおき

肉じゃが、鶏と豆腐とれんこんのつくね、鶏のおろし煮、大根下ゆで（週末おでん用）、キャベツとにんじんとツナの粒マスタードサラダ、白菜のサラダ、大根・にんじん・セロリのサラダ、ほうれん草下ゆで、チョコマフィン、りんごとシナモンの豆乳マフィン、玄米ご飯

今日は久々作りおき。とりあえず、今日明日の夕ご飯、明日のお弁当の8割方ができたかと。玄米も炊きました。息子リクエストのマフィンも。明日は1日忙しいので、これで安心。

▶ 2015/02/02 | 今日の作りおき

いつものグラノーラ、ジャーサラダ、大根の浅漬け、にんじんとツナの粒マスタードサラダ、小松菜とお揚げの煮物、鶏のから揚げの下準備、豚そぼろ←お弁当の残り、ごぼうとにんじんのサラダ←お弁当の残り、ピーマンのナムル、ミニトマト←洗っただけ(笑)、お揚げ油抜き、味つけ卵、シャトルシェフの中は野菜だしを使った牛すじカレー

昨日は7、8年ぶり？にスキー場へ。夫と息子はスノーボード、私と娘はソリと雪遊びに分かれ、しっかり遊んで来ました。というわけで、作りおきは今日の朝活にて。玄米、野菜だし、地道に続けてます。

▶ 2015/02/22 | 今日の作りおき

サニーレタスとほうれん草洗っただけ、ブロッコリー下ゆで、ちぢみほうれん草下ゆで、から揚げ下味、マカロニサラダ、にんじん千切り、鶏と豆腐のつくね、いちご、ミニトマト、小松菜下ゆで、豚そぼろ(2／3は冷凍)、スープの素、野菜だし、ジャーサラダ、グラノーラ

夫の駅伝終了とともに夫への優しさ強化週間もあっけなく終了しましたが、ジャーサラダを気に入ってるようなので、ひとつだけ作ってあげました(←恩着せがましい。笑)。昨日おいしそうな野菜がいろいろ届いたので、今日は野菜多めに。昼からはひとり時間をテレビにすべて費やしてしまった。

05:rinopin17

▶ 2015/03/26
昨日の作りおき

サニーレタス、鶏もも肉塩麹漬け（キャベツと一緒に蒸す）、豚のしょうが焼き下味、鶏むね肉ピカタ下準備、カスピ海ヨーグルト（今のところ毎日続いてます）、キャベツざく切り（塩麹鶏と一緒に蒸す）、にんじんのしりしり、さば缶の卵とじ、ほうれん草としめじの白和え、小松菜下ゆで、野菜だし、きのこ類（カットして冷凍）、スナップえんどう下ゆで、ほうれん草ともやしのしそひじき和え、ほうれん草下ゆで、甘辛そぼろ、ミニトマト

献立ノートをつけるようになって、食材の無駄もなくなり、作りおきもスムーズにできてる気がします。だんだん自分色に変わっていく献立ノートを見てるだけでも結構楽しかったりします。この調子で家計簿もつけられるといいんだけど……。この間エジプト塩を買ったものの、イマイチどう使っていいのかわかりません……。

▶ 2015/04/16　今日の作りおき

鶏むね肉の塩麹漬け（ピカタか蒸し焼きにする予定）、ポテトとアスパラのグラタンの下準備、肉じゃが、きゅうりと大根の浅漬け、にんじんの千切り、小松菜、スナップえんどう、アスパラ下ゆで、きゅうりと大根のサラダ下準備（ごま油でカリカリに炒めたちりめんじゃこをドッサリのせました）、カスピ海ヨーグルト、油揚げ油抜き、ホワイトソース（玉ねぎ、しめじ入り）、さわらのムニエル下準備

今さらですが、今朝作ったものアレコレ。今週末はいろいろ忙しいので、このちょっとの下準備が私を救ってくれます。お皿に盛られているのは、今日の夕ご飯。息子がさわらのムニエルをすごく褒めてくれて、幸せを感じた夕ご飯となりました。単純だよねー。

▶ 2015/05/27　今日の作りおき

じゃがいもとほうれん草のグラタンの準備（ホワイトソースは冷凍ストックしてあるもの）、スナップえんどう下ゆで、小松菜下ゆで、ほうれん草、玄米吸水中（今夜炊く予定）、ブロッコリー下ゆで、ミックストマトをオリーブオイルと塩で和えたもの、キヌアを炊いたもの（サラダ用）、新玉ねぎ＆紫玉ねぎマリネ、アスパラとささみのごまだれ和え、ミックスリーフとビーンズサラダ、チキンカツ、ブロッコリー、マカロニサラダ

最近夫がキヌアにハマっていて、サラダに混ぜたり玄米と一緒に炊いたりしてます。

▶ 2015/06/01
今日の作りおき

朝のお弁当作りと一緒に、野菜をゆでたり洗ったり、夕ご飯のポークソテーの下準備、明日のお弁当のそぼろなど。梅も洗って一個ずつ拭いて、氷砂糖を買ってきたらすぐにシロップ作りに取りかかれるように。いろいろ準備しておくと気持ちに余裕ができて、もちろん時間にも余裕ができます。が、時間の使い方が下手なので、結局バタバタしちゃいます……。娘を整形外科に連れていったら思いのほか待ち時間が長くて、保育園をお休みすることに……お昼から娘と何して過ごそうかなぁ……。

▶ 2015/08/16 | 今日の作りおき

洗って切っただけ（水菜・ベビーリーフ・レタス・にんじん）、ごぼうと豚肉の甘辛煮、きのこと大葉入りつくね、いつものグラノーラ（朝ご飯用）、野菜の下ゆで（オクラ・白菜・にんじん・ほうれん草・ブロッコリー）、コールスロー、タラモサラダ、ラタトゥイユ、ポトフ

あっという間にお盆のお休みも終わり、明日から通常モード。息子の塾弁や、娘の習い事でバタバタなので、久しぶりに作りおき。とりあえず冷蔵庫＆野菜室にあるものを使いまくって、冷蔵庫もスッキリ。おまけに気持ちに余裕ができて、気持ちよく明日が迎えられます！ 休みの間は外食がちだったので、明日から食生活もリセットしなくては……。

▶ 2015/08/31
今日の作りおき

作りおき後の冷蔵庫の中を撮ってみました。なるべくひと目で中身がわかるようにしてます。保存容器はiwakiのパック＆レンジというシリーズのガラスの容器を使っています。煮沸消毒ができるのでいつまでも清潔に保てることと、中身が見えるので使い忘れもなく、パッと取り出せて気に入っています。調味料は、ニトリで買った容器にしょうゆ、お酒、白だし、白ワインを入れてます。さっと取り出せてスッキリ見えるので気に入ってます。

Column 05
rinopin17さんのおいしい作りおき。

▶ 作りおきの定番メニュー

メインでは、豚のしょうが焼きやチキンカツ、豚肉の野菜巻き。副菜はマリネや甘酢漬け、味つけ卵。あと野菜の下ゆで。毎朝食べるグラノーラも週一くらいで作ってます。

▶ 簡単にできる作りおきメニュー

ゆで鶏、野菜の甘酢漬け、ピーマンのナムル、味つけ卵。

▶ 好評＆大好きな作りおきメニュー

子どもたちにはミートソースやグラタン、お魚のムニエル。夫はお酢を使ったもの、野菜たっぷりのミネストローネなど。

06 ペコさん
peko

Instagram user name「@pekopokovvv」
https://instagram.com/pekopokovvv/

作りおき歴	約1年前から
作りおきをする日は？	冷蔵庫や冷凍庫と相談しながら
作りおき開始の時間と所要時間は？	21時から2時間ほど。朝やることも
作りおきする品数は？	容器に納まる量、楽しく作れる量

家族との時間を大切にするための作りおき。

1歳の息子と3人暮らし。家族みんなが笑顔になれる食卓を目指し、日々頑張っています。作りおきを始めた理由は、休日にごはんの心配をすることなく出かけたり、のんびりしたりと、家族との時間を大切にしたいと思ったことがきっかけです。現在は育休中ですが、職場復帰しても平日のごはんを充実したものにできるよう、これからも作りおきを学んでいきたいです。

▶ 2015/01/30
ベビくんお昼寝中に作りおき

卵とマスタードのサラダ、ドラえもん＆ドラミちゃんチョコ、味つけ煮卵、にんじんラペ、里いもの和風サラダ、鶏のから揚げねぎソース、ブリの照り焼き、味つけメンマ、生春巻きセット（カイワレ、スモークサーモン、トマト、アボカド、ベルキューブ）

今日のベビくん、天気が悪いからか、ぶっ通しで2時間のお昼寝。その間に作りおきをちまちまと。あとはみそ汁と麦ご飯でも炊いておけば……一生安泰かな（笑）。

▶ 2015/02/06
ベビくん監督のもとでお料理♪

万能ねぎの小口切り、大根の浅漬け、水洗いヘタ取りミディトマト、一番だし、タルタルソース、かぼちゃのデリ風サラダ、たぬきにぎり、ひじきとこんにゃくのピリ辛炒め、きんぴられんこん、卵の黄身のしょうゆ漬け、タラモサラダ、大根と豚の角煮

今日はベビくんに、ハイローチェアで私の料理っぷりを監督してもらった（笑）。

▶ 2015/02/11
バレンタインの試作と作りおき

トマトソース、塩ゆでブロッコリー、ラタトゥイユ、ゆでほうれん草、バレンタイン試作品(チョコがけスマイルビスケット、ジャッキー&ドラチョコ)、10種の野菜のドライカレー、カラフルピラフ

土曜日はバレンタインなので、試作を少し。まだまだ作りたいけど時間と体力が(笑)。今週はきっと作りおきやってられない。そうだ今日仕込んで冷凍しよう。

▶ 2015/03/06
保存容器にラベル

作りおきを入れる保存容器。いつも蓋を開けて中身確認してたけどラベルをつけておくといいですね。うちは、野田琺瑯、無印のホーロー、結婚式のお祝いでもらったホーローなどなど、いろいろ使っています。本当はスタッキングできるよう一種類で揃えたほうがいいのですよね。でも私はあるものを使っちゃってます。電子レンジ可能で、覗き窓がついてるホーローがあったら即買いなんだけどな、なんて(笑)。

▶ 2015/03/21
週末作りおき&下ごしらえ

小松菜のポタージュ、トマトソース、きゅうりとささみの梅サラダ、ハンバーグのタネ、小松菜&にんじん&油揚げのおひたし、ラザニアの生地、ビスケットミックス、ミートソース、ホワイトソース、にんじんのしりしり、ミニトマト、ゆずはちみつ、たぬきにぎり

今から3人で陶芸教室へ。外出するときでもご飯の心配しなくていいから、作りおきはやめられませんな♪

Column 06
ペコさんちのおいしい作りおき。

▶ 作りおきの定番メニュー

味つけ煮卵、万能だれ、手作りドレッシング、自家製みそで肉みそぼろ、牛肉のしぐれ煮、いろんな具でおにぎり(→冷凍)、自家製酵母パン(→冷凍)、チャーシュー(→常に冷凍庫にストック)、かつお昆布だし

▶ 簡単にできる作りおきメニュー

味つけ煮卵、万能だれ(日々改良中)、浅漬け、たぬきにぎり

▶ 好評&大好きな作りおきメニュー

味つけ煮卵(我が家では沸騰してから7分30秒だと半熟具合がベスト)。万能だれで作るきゅうりのたたき。チャーシューや煮豚。旦那の作るくん製。自家製酵母のパンとパン粉。

▶ 2015/04/12 | 使い回せる作りおき模索中

ふわふわ白パン、一番だし（お吸い物、煮物etc）、ミックスサラダ、ホシノ酵母、水洗いヘタ取りミニトマト、蒸しさつまいもペースト、飾りラディッシュ＆スナップえんどう、レーズン酵母でクイックヨーグルト、オクラともやしのバンバンジー、肉みそ、ねぎの小口切り、煮卵、ひじき煮、ちょい塩キャベツロール、ラディッシュふりかけ、万能熟成しょうゆだれ、ちょい塩キャベツ

最近ひとつ作っておけば使い回せる作りおきを模索中。千切りキャベツ半玉に塩5gもみ込むだけの塩キャベツは、ヘルシーで使い回せて、大成功！お肉で巻いてキャベツロール、ひき肉と合わせてメンチに、サラダにスープに……などなど◎。肉みそもGoodでした！

▶ 2015/06/20 | 「まごわやさしいこ」を意識して

きのことほうれん草の和風豆乳リゾット、なかしましほさんレシピのレモンケーキ、自家製みそ、はちみつレモン、水洗いヘタ取りミニトマト、キャロットラペ、焼き鮭ほぐし、豆腐のマヨネーズ、中華ドレッシング、きのこのだしびたし、サラダ菜、ズッキーニとなすのラタトゥイユ、味つけ煮卵、ラディッシュとほうれん草のふりかけ、ねぎの小口切り、ねぎ入りだし巻き卵、鶏ささみのにんにくしょうゆ漬け、自家製マヨネーズでタラモサラダ、大葉、カットフルーツ、かつお昆布だし

食育で学んだ「まごわやさしいこ」を意識してみました。ま…まめ、ご…ごま、わ…わかめ（海藻類）、や…野菜、さ…魚、し…しいたけ（きのこ類）、い…いも、こ…米。

▶ 2015/07/03 | 肉肉肉！の作りおき

カリカリ豚肉とそのままキャベツの蒸し焼き、おにぎり各種（天かすねぎ大葉塩昆布、そぼろしょうがねぎ、じゃこみそ。冷凍）、自家製みそ、アスパラとにんじんの肉巻き、下処理したとろとろ牛すじ、チンジャオロース、肉みそ（自家製みそで）、野菜ミックス、やみつききゅうり＆もやし、カットパプリカ、水洗いヘタ取りミニトマト、自家製グラノーラ、じゃこと漬けねぎのドレッシング、ねぎの小口切り、大根の浅漬け、茎わかめと小えびの和え物、味つけ煮卵、牛丼の具

久しぶりに旦那と買い物へ行ったら見事に肉肉肉！となりました。私も魚魚魚！ともっと主張しよう（笑）。野菜ミックスは水切り器でシャーッとやれば長持ち。

▶ 2015/07/22 | 冷蔵庫と相談しながらの作りおき

紅茶豚、かつお昆布だし、サラダ菜、バナナチップとレーズンの自家製グラノーラ、万能だれ、自家製なめたけ、マスタードドレッシング、かぼちゃの煮物、塩ゆでにんじん、酵母バゲットラスク、鮭の西京漬け（半分は冷凍）、鶏むね肉の重曹漬け、ゆで豚、ひじきの煮物、ぬか漬け。じゃこねぎだし卵焼き、ねぎの小口切り、味つけ煮卵、大葉、塩ゆでスナップえんどう、水洗いヘタ取りミニトマト

旦那が単身赴任していた頃は週末作りおきだったけど、戻ってきてからは冷蔵庫や冷凍庫と相談しながら。冷蔵庫に1品でもストックがあると毎日のご飯作りに余裕ができる気がします。

▶ 2015/08/17
念願のぬか漬け始めました

柔らか牛すじ（下処理。半分は冷凍）、かつお昆布だし、ぬか漬け、ホシノ酵母で塩パン、味つけ煮卵、水洗いヘタ取りミニトマト、オクラの煮びたし、もやしとにんじんのナムル、自家製みそで肉みそそぼろ、マヨ抜きマカロニサラダ（食べる直前に味つけ）。塩もみにんじん、ねぎの小口切り、麻婆なすキムチ、タラの西京漬け、大葉、鶏むね肉の重曹漬け、ミックス野菜

念願のぬか漬けを始めました。無心で料理をするとやる気スイッチ入るなぁ。あれこれ考えるよりまず動こう♪

▶ 2015/08/24 | 今週の作りおき

完熟トマトのハヤシライス、おにぎり2種、お豆腐のブラウニー、ぬか漬け、油抜き油揚げ、味つけ煮卵、ねぎの小口切り、タラモサラダ、実家の大葉、万能だれ、バジルソース、桃のコンポート、もやしのナムル、白菜の浅漬け、なすの南蛮漬け、水洗いヘタ取りミニトマト、ホシノ酵母で角食パン、豚チーズフライ（パン粉つけて冷凍）、我が家のパン粉、固ゆでブロッコリー。

ハイハイでどこまでも行けるようになった息子。昼間はたっぷり一緒に遊んであげたいから、最近は夜や早朝に作りおきをするようになりました。家族と共に作りおきも変化していかなきゃな。ぬか漬けは、かぶとにんじん。まだ好みの味になりません。

▶ 2015/09/01 | 我が家のお気に入り作りおき

夏野菜の塩オリーブ煮（無水で。半分はラタトゥイユ、もう半分はひき肉足してドライカレー）、かつおだし、白菜の浅漬け、ぬか漬け（かぶ、なす）、ナッツとバナナチップのグラノーラ、春巻きの具、ホワイトソース、ポタージュの素（ほうれん草）、オクラのだしじょうゆ漬け、ねぎの小口切り、旦那特製スモークチーズ、卵とアボカドのディップ、あめ色玉ねぎ、トランジスタベーカリーのバゲットで豆乳のフレンチトースト、味つけ煮卵、きのこのデミグラスソース、水洗いヘタ取りミニトマト、自家製酵母でにんじん丸々1本ミニパン

一番上の、ストウブ料理→だし→浅漬け→ぬか漬けというラインは我が家のお気に入り。老夫婦のようなラインだけどまだ一応ふたりとも20代（笑）。元気な老後を迎えるために健康的に年を重ねたい！

07 鈴木美鈴さん
Suzuki Misuzu

「伝えたいかあちゃんのあったかごはん」
http://ameblo.jp/suzu7310/

作りおき歴	4年前から
作りおきをする日は？	スーパーでまとめ買い後の月曜と木曜
作りおき開始の時間と所要時間は？	午前中から始めて、約1時間
作りおきする品数は？	1週間に2回作り、3〜4品

心と時間にゆとりを持つために。心を込めて作りおき。

広島県在住。料理教室アシスタント、トータルフードコーディネーター。45歳。料理は毎日のこと。栄養バランスを考え、食材を無駄にしないよう心がけています。心にゆとりを持って楽しく料理をするために、暮らしをそっと助けてくれる作りおき常備菜は欠かせません。家族の笑顔が見られるように1品1品、丁寧に作っています。

▶ 2015/05/27 | みんな大好き。なすのからし和え

なすのからし和え、パプリカと枝豆・ベーコンのカレー炒め、切り昆布と揚げはん（さつま揚げ）の煮物、新じゃがと玉ねぎの田舎煮

みんなが好きな、なすのからし和え。以前は、市販の物を買ったり、農協さんのからし和えの素を使ったりしていましたが、自分で一から作りたくて。思うようにできて、うれしい気持ち。ご飯おかわり〜が聞けそうな仕上がりになったかな。新じゃがと玉ねぎは、とうちゃんと、母と3人で作った大切な野菜。いりこでコトコト炊いた。味つけは、おしょうゆ、料理酒、みりん、てんさい糖。玉ねぎが甘いから、てんさい糖は気持ちだけ。

▶ 2015/06/03
ご飯おかわり〜
なすのいりこ煮

きんぴらごぼう、なすのいりこ煮、パプリカのはちみつレモン漬け、牛肉のしぐれ煮

なすは、多めのごま油で炒め、鷹の爪、いりこ、お水を加え、コトコト炊き、料理酒、てんさい糖を控えめに入れさらにコトコト。おしょうゆを加え、仕上がりにみりんを加え、照りを出してできあがり。

▶ 2015/08/19
冷凍なのに焼き立てみたいな鮭

ピリ辛こんにゃく、フレッシュシンプルトマトソース、焼き鮭の冷凍、かぼちゃの田舎煮、ハンバーグ、レンジとうもろこし、うちの定番玉ねぎマリネ、にんじんはちみつレモン漬け

鮭はグリルで7割ぐらい焼き、冷めたらファスナー付きのポリ袋に入れて冷凍保存するだけ。使うときレンジ加熱すれば、焼きたてみたいにしっとりふっくら！ お弁当や朝ご飯にサッと使えてとっても便利です。

▶ 2015/08/22
とうちゃんの大好物。
鶏チャーシュー

とうちゃん大好物、しっとり鶏チャーシュー。鶏もも肉1枚は、皮が外側になるようたこ糸で縛り、ごま油をひき中火で皮にこんがり焼き色がつくまで焼きます。しょうがスライス、つぶしたにんにく、料理酒100cc、しょうゆ100cc、砂糖大さじ3、はちみつ大さじ1を入れて沸騰したら、鶏肉を入れ、蓋をし、弱火で15分煮込みます。火を止めて粗熱が取れるまでそのまま置き、できあがり。

▶ 2015/08/25
うちの定番・えびと玉ねぎの
はちみつレモンマリネ

すっかり、うちの定番常備菜になったマリネ。作り方は……はちみつ大さじ2、オリーブオイル大さじ1、米酢大さじ3、塩、粗びきこしょう少々を混ぜ合わせます。玉ねぎ140gは繊維を切るように薄く切り、3分くらい水にさらしてから水気を切っておきます。千切りパプリカ（赤黄を合わせて60g）、レモンスライス2分の1個、ゆでたえびを合わせ、冷蔵庫で一晩漬けてできあがり。

▶ 2015/08/30 | 作りおき常備菜。台所しごと。

かぼちゃのレモン煮、ゴーヤチャンプルー、金時豆の甘煮

今日はうれしい日曜日。冬野菜の種をまく予定。それから母ととうちゃんが、さつまいもを少し掘って、状態が良ければ全部掘り起こすみたい。いも掘りで思い出すのは、ふたりの娘が幼稚園の頃、小さな手のひらからはみ出るぐらいの大きなさつまいもをいただいて帰ってきたこと。「母さんみてみて、おいもさん大きいよ〜、重い、重い」小さな手のひらからはみ出るおいもさんを一生懸命に持ち、私に見せてくれたっけ。さつまいも掘れたら、娘たちに送らんといけん。

▶ 2015/08/31

心を込めて作った作りおき常備菜

肉だんご、鶏のから揚げ、鶏チャーシューのたれで味玉、油揚げの炊いたん、きゅうりの塩もみ、ハンバーグのタネ、きのことちくわのきんぴら、レンジかぼちゃマッシュ、お豆さんとひじき煮、ピーマンの肉詰め、ゴーヤの中華風ごま和え

今週も心と時間にゆとりを持つために、ひとつひとつ、心を込めて作った作りおき常備菜。常備菜の半分はわが家、もう半分は両親へ。なんでも手作りだった母。子どもの頃にたくさんいろんなものを食べさせてくれた、恩返しの気持ちも込めて。

07:Suzuki Misuzu

▶ 2015/09/08

ご飯がすすむ、
豚肉のしぐれ煮

根菜の煮物、夏大根の田舎煮、さんまの甘露煮、ミートソース、ねぎのはちみつレモンマリネ、豚肉のしぐれ煮、かぼちゃのマッシュ、れんこんの照り焼き、ピーマンと油揚げの塩炒め

お財布に優しい豚こま肉でしぐれ煮。作り方は牛肉と同じです。片栗粉でコーティングして、最後にたれをしっかりからめたのでやわらかく、しっとりとした仕上がりになりました。しょうがをたっぷり利かせて、ご飯がすすむおかず。ピーマンと油揚げの塩炒めは、畑のピーマンと油揚げをごま油で炒め、塩のみで味つけ。ほろ苦いピーマンとカリカリに焼けて香ばしい油揚げ。お弁当にもオススメです。なんでもない簡単なおかずが意外においしい。

▶ 2015/09/04

自家製めんつゆで
夏野菜の揚げびたし

自家製めんつゆを活用して畑のなす、かぼちゃ、ピーマン、赤ピーマン、黄ピーマンの揚げびたし。180度の油で揚げ、油をよくきり、自家製めんつゆにひたします。パプリカに見える赤ピーマンと黄ピーマン。味はピーマンと違うのかなぁと思いましたが同じなんですね。

Column 07
鈴木美鈴さんのおいしい作りおき。

▶ 作りおきの定番メニュー

ひじき煮、切り干し大根煮、きんぴらごぼう、切り昆布煮、黒豆煮。肉そぼろ、豚肉のみそ漬け、焼き鮭。

▶ 簡単にできる作りおきメニュー

野菜のマリネ、肉そぼろ、ゆで野菜。

▶ 好評&大好きな作りおきメニュー

リメイクになる作りおきが家族に喜ばれます。私が大好きな作りおきは、玉ねぎのマリネ。保存期間もわりと長く、いろんな料理に使え重宝します。

07:Suzuki Misuzu

08 Yuu*さん
Yuu*

➡ 「作り置き＆スピードおかず de おうちバル ～yuu's stylish bar～」
http://yuu-stylish-bar.blog.jp/

作りおき歴	ここ1～2年ぐらいから
作りおきをする日は？	特に決めていません。作るときに、多めに
作りおき開始の時間と所要時間は？	その料理次第
作りおきする品数は？	冷蔵庫にいつも2品ぐらい入っています

おいしくお酒を飲むためにも。やっぱり自分の手作り料理が一番！

福岡市在住の30代。ただ今彼氏と同棲中。ふたりともお酒が好きなので、日々簡単に手軽に作れる"おつまみ系レシピ"を考え中。どんなに忙しくても疲れていても、「自分の手作り料理を食べさせてあげたい！」という思いから、一度作っておけば、次の日もおいしく食べられる「作りおきできるレシピ」が大好き！

▶ 2015/03/02
タラモサラダ風れんこんのクリームチーズマリネ

じゃがいもで作るタラモサラダのれんこんバージョン。アクセントにクリームチーズを加えましたがこれがかなりのヒット。クリームチーズの酸味とたらこの塩気がかなりマッチしていて、れんこんがモリモリ食べられちゃいます。レンチンしたあとのれんこんは、しっかり水気を切ることがポイントです。水分が残っていると腐敗の原因になりやすいほか味がボケて残念な仕上がりになってしまいます。

▶ 2015/03/05
ミニトマトのマリネ

ちょっとオシャレな常備菜。トマトをピクリングスパイス（ピクルスを作る際に使用するミックススパイス）で漬け込んだマリネです。ピクリングスパイスがあるとマリネの風味がグンとアップ。私はKALDIで購入した「ギャバン ピクリングスパイス ホール」を使っています。なければ、コリアンダー・粒こしょう・ローリエなど手軽に使えるスパイスを少し入れるだけでもいつもよりランクアップしたマリネが作れますよ。

▶ 2015/08/14

さばとなすの
しそ南蛮マリネ

サクッ！ジュワ〜ッ！ さばもおいしいけど、揚げ焼きしたなすが、めっちゃくちゃおいしいです。①なす（2本、乱切り）とさば（半身2枚を3、4等分に切り、酒としょうがチューブで下味）は、キッチンペーパーで水気を拭き取り、片栗粉をまぶす。②フライパンに高さ1cmほどの油を熱し、なす→さばの順に揚げ焼きしていく。③カラッと揚がったら、キッチンペーパーの上に取り出し、余分な油を切る。④③をタッパーなどに入れ、上から、長ねぎと青じそを散らす。マリネ液（酢、水各大さじ4、しょうゆ大さじ1、塩大さじ1／2）を回し入れ、やさしく混ぜ合わせたらできあがり。⑤すぐに食べてもOKですが、冷蔵庫で冷やして食べるのもGOOD！

▶ 2015/08/29

チキンとポテトの
ねぎ塩レモン

レモンのたれで和えているので、揚げ物だけど、パクパク食べられます。①鶏むね肉（1枚）はフォークで数カ所刺し、一口大に切る。酒、しょうゆ、マヨネーズ、各大さじ1、しょうがチューブ2〜3cmとともにポリ袋に入れ、50回ほどもむ。②ボウルに長ねぎみじん切りと合わせだれ（レモン汁大さじ1、ごま油大さじ1／2、鶏ガラスープの素小さじ1、砂糖小さじ1／3、粗びき黒こしょう適量、にんにくチューブ2〜3cm）を入れ、よく混ぜ合わせておく。③鶏肉をバットに取り出し、再度片栗粉をまぶす。④170℃で揚げ、油を切り、合わせだれの中に入れて混ぜ合わせて完成。

08:Yuu*
053

▶ 2015/09/03

きのこたっぷり♪
秋のポークチャップ

フライパンで、ちゃちゃちゃーっと炒めるだけ。最後に水分を飛ばすと、日持ちもするので、お弁当やおつまみにも、大活躍！　①豚こまは、食べやすい大きさに切り、塩、こしょう少々、薄力粉適量をまぶしておく。②しめじとまいたけは、石づきを取り、ほぐしておく。玉ねぎは、薄切りにしておく。③たれ（ケチャップ・水各大さじ3、酢・中濃ソース各大さじ1、しょうゆ小さじ2、みりん小さじ1）は、合わせておく。④フライパンに、オリーブオイルを熱し、玉ねぎを炒める。玉ねぎがしんなりしたら、豚肉を加えて、中弱火で炒める。⑤豚肉の色が変わったらきのこを入れて、さらに炒める。⑥きのこがしんなりしたら、合わせておいたたれを加えて、よ～く混ぜ合わせる。しばらく炒め煮にして、水分がなくなってきたら、塩・こしょうで味を調えてできあがり。

▶ 2015/09/06

切り干し大根のごま酢和え

切り干し大根を使ったサラダのご紹介です♪　ごまたっぷりで風味抜群。小松菜をレンジ蒸しして、あとは、ボウルで全部を混ぜ合わせるだけです。とってもオススメの一品です☆　①切り干し大根40gは、流水でよくもみ洗いし、そのままザルにあげて、10分くらい置いておく。②小松菜1束は、根元を切り落とし、洗ってざく切りにしておく。③耐熱容器に、小松菜と水（大さじ1）・塩少々（分量外）を入れ、ふんわりラップをして、電子レンジ600wで約2分加熱する。④加熱が終わったら容器を取り出し、流水で洗い色止めをする。⑤ボウルに、切り干し大根・水気を絞った小松菜、たれ（白すりごま大さじ3、しょうゆ大さじ1、酢小さじ4、砂糖小さじ2、塩少々）を加え、よく混ぜ合わせたらできあがり。

08:Yuu*

▶ 2015/09/10

豚肉のレモン南蛮漬け

サッパリ食べられて時間が経つほどおいしくなる☆　めんつゆで楽々!　①豚肉200gは、しょうゆと酒各小さじ1で下味をつけておく。玉ねぎ1/2個は薄切りに。レモン1/4個は、薄いイチョウ切りにする。②合わせだれ（めんつゆ3倍濃縮大さじ4、ごま油大さじ1/2）に玉ねぎとレモンを入れて、よく混ぜ合わせておく。③豚肉に片栗粉適量をまぶし、フライパンに高さ1cmほどの油を熱し、揚げ焼きしていく。④豚肉に火が通ったら、キッチンペーパーの上に取り出し、余分な油をよく切る。⑤豚肉を、②の中にしばらく漬け込んだらできあがり。

▶ 2015/09/13

鶏むね肉の
マスタードカレーから揚げ

マスタードとカレー粉で下味をつけているから、ビールにめっちゃ合います♪　①鶏むね肉（1枚）は、皮面からフォークで数カ所刺し、一口大にカット。②下味（マヨネーズ大さじ1、酒・粒マスタード・カレー粉各小さじ1、塩こしょう少々、にんにくチューブ2〜3cm）と鶏肉をポリ袋に入れ、50回ほどもみ込み、10〜30分置く。③鶏肉のポリ袋に片栗粉大さじ2を入れ、粉っぽさがなくなるまでもみ込む。④鶏肉をバットに取り出し、再度、片栗粉をまぶす。⑤170度の油でカラッと揚げたらできあがり。

08:Yuu*

09 環さん
TAMAKI

➡ 「28平米の1K食堂。」
http://281k2.blog.fc2.com/

作りおき歴
12年
作りおきをする日は?
日曜午前中
作りおき開始の時間と所要時間は?
朝8時から2、3時間程
作りおきする品数は?
8品目前後

健康を意識しながら「お弁当基準」の作りおきをしています。

10年前から東京に移り住み、フルタイムで働いています。いよいよ40代に突入し、以前から好きだった料理も「健康」を意識したメニュー選びをするようになりました。仕事で帰りが遅くなることが多いため、料理は週末に3時間ほどかけてまとめて作ります。おかずはお弁当にも詰めるため、日持ち、サイズ、彩りを「お弁当基準」で考えることが多いです。

▶ 2015/06/02
冷凍野菜ミックスでラタトゥイユ

おでん、ラタトゥイユ、豆腐ハンバーグ、ベビーほたて、ほうれん草とコーンのバター炒め、キャロットラペ

ラタトゥイユ、今回はベーコンと玉ねぎを切ったのみ。あとのお野菜はオイシックスの冷凍ミックス。ちょっとお値段はしますが、一種類ずつ買っても結局似たようなお値段になっちゃうかも。……と考えると、切る手間が省けるだけ得な気がします。

Column 08
環さんちのおいしい作りおき。

▶ 作りおきの定番メニュー
キャロットラペ、ひじき煮、ラタトゥイユ、味玉、鶏肉を焼いた料理、グラノーラ。

▶ 簡単にできる作りおきメニュー
キャロットラペ、味玉、玉ねぎツナサラダ、鶏ぺん（鶏ひき肉＋はんぺん）ハンバーグ、しいたけチーズ焼き。

▶ 好評&大好きな作りおきメニュー
朝食用のグラノーラ、ベーグル、キャロットラペ（これは絶対）、鶏そぼろ、ジャンボロールキャベツ。

▶ 2015/07/12 | WECKで手羽元といろいろ豆のトマトカレー。

自家製グラノーラ、しょうがシロップ、手羽元のトマトカレー、キャロットラペ、ゆでえんどう、粉ふきいも、パプリカのマリネ、さわらのみりん粕漬焼き、ズッキーニのツナごま和え

手羽元のトマトカレーは、大きな野田琺瑯のストッカーで煮沸密封。手羽元8本とトマトの水煮1缶の他、玉ねぎといろいろな豆もたっぷり入っています。大好きなうずら卵が特売になっていたのでそちらもゆでて皮をむき、たっぷり加えました（2パック＝20個入れたー！）。4人分が、WECKのモールドシェイプ300mlふたつと、1000mlサイズのデコシェイプひとつにぴったり収まりました。自家製グラノーラには、やっぱりオレンジを加えると断然おいしくなる！

▶ 2015/08/02 | WECK料理にはまってます

ラタトゥイユ、紫玉ねぎのサラダ、とりべんバーグ、レンジ加熱とうもろこし、エリンギオリーブオイル炒め（エジプト塩で味つけ）、ベビーほたてバターじょうゆ炒め、豚肉しょうが焼き、ポテトサラダ、豚肉ししとう巻き、キャロットラペ

WECKでの保存食。すっかりはまっています。以前作ってWECK保存しておいたしょうがうずら卵を使ったポテトサラダ。これさえあればあとはじゃがいもをゆでるだけ。そして新たに作ったWECK料理は、ラタトゥイユ。始めから半分はWECKで密閉保存しよう！と決めていたので、食べきれるかな……と心配することなくたーっぷり作れて大満足。

09:TAMAKI

▶ 2015/08/10
常備菜9品

絶品！味玉、小松菜とにんじんの甘辛揚げ巻き、完熟プチトマトのはちみつしょうがマリネ、紫玉ねぎのピクルス、小松菜の落花塩和え、スパイシーチキン、ひじき煮、キャロットラペ、ピーマンとじゃこのナンプラー炒め

小松菜とにんじんの甘辛揚げ巻きは、お稲荷さんを作るときみたいに、甘辛く油揚げを煮つけ、軽く汁気を絞り、開いたところにゆでた小松菜とにんじんを巻きます。味がしみにくい小松菜もおいしく食べられる上に、お弁当にも詰めやすい形。小松菜がちょっと多くて残ってしまったので、そちらは「落花塩」でシンプルに和えました。エジプト塩ほどではありませんが、こちらもクミンが入って奥深い味です。

▶ 2015/09/06
赤いっぱいで
かわいい常備菜

味玉、トマトマリネ（湯むきしたトマトに「アルル塩」少しを加えて、はちみつでマリネ）、ラム肉とパプリカのみそ炒め、大学いも、なすのコンカリーナムル、パプリカ・ピーマン・アスパラマリネ、キャロットラペ、かじきとねぎの照り焼き

赤がところどころにポイントで入っているせいか、なんだかすごくかわいい。秋の味覚、さつまいも。糖度が高いというさつまいもが安かったので買ってきました。レモン煮にしようかと思ったのですが、大学いもが食べたくなり、今日は揚げてみました。揚げ物恐怖症なのですが、頑張った〜。そして、どうせなら！といつもは絶対に避けるなすも揚げました。

▶ 2015/09/14
栗ご飯に合いそうなオカズ

ひじき煮、タンドリーチキン、枝豆、とうもろこし、牛肉とパプリカのみそ炒め、紫玉ねぎマリネ、大学いも、鮭の南蛮漬け、ピーマンとじゃこの炒め物、なすのカリーナムル

日曜は栗ご飯を作ったところですっかり満足し、だらだらしてしまいました。ポジティブにとらえれば正しい「休日」といえましょう。ともあれ、そんなこんなで今日に持ち越しになってしまった常備菜作り。出勤前にと月曜朝っぱらから頑張りました！ 今週のテーマは「栗ご飯に合いそうなオカズ」。今週はこのラインナップでお弁当生活スタートです。

▶ 2015/09/15
栗ご飯と常備菜たっぷりのお弁当

栗ご飯、鮭の南蛮漬け、ひじき煮、大学いも、なすのカリーナムル

一昨日2合炊いた栗ご飯、一日3食のうち2食は栗ご飯。もう1食分しか残っていません。いも・栗・かぼちゃが大好きで、あるとついつい食べちゃいます。次の連休には今シーズンたっぷり栗ご飯を楽しむために、少なくとも2キロ分は仕込みたい。そしてすっかり定番おかずのひとつになった鮭の南蛮漬け。今日はいつもとは違う、ちょっとひと手間……なレシピを選んでみました。これがおいしい。簡単も大事だけれど、ひと手間の力は偉大だ〜。

10 みゆさん
miyu

➡ 「Smart chic」
http://smartfoppishdays.blog.fc2.com/

作りおき歴
結婚当時から。本格的には5年ぐらい
作りおきをする日は？
日曜。土曜の晩に少しやることも
作りおき開始の時間と所要時間は？
土曜買い物、日曜午前に3時間程
作りおきする品数は？
7品〜10品ぐらい

作りおきは明日の私へのプレゼント。

埼玉県在住、歯科助手、50代。結婚してからずっと共働き。私のほうが帰宅が遅いときも多かったので、お休みの日のまとめ買いと1週間分の献立決め、作りおき生活を長年してきました。子育てが終わって時間ができても、長年やってきた作りおきはやはり便利で、夕飯作りの時間が短縮できて、その分自分の時間を作れます。今も作りおきは大変だけど明日の私のためですね。

▶ 2015/05/15
早起きして常備菜作り！

グリーンスムージー用バナナと小松菜、切り昆布とさつま揚げ炒め煮、れんこんのきんぴら、マカロニサラダ、鮭の南蛮漬け、ゆでえび、かにかま、ししとうとしらすのおばんざい、絹さやのゆでたん、酢じょうゆ卵

今日はお出かけなので……早起きして常備菜作りを終了！酢じょうゆ卵は娘が大好きでお弁当やそのまま食べてます。イチオシ物件は……鮭の南蛮漬け！

▶ 2015/05/21
常備菜とおにぎらずで朝食

おにぎらずと常備菜を並べただけですが……ずっとずっと欲しかった九谷青窯の器で。「北欧、暮らしの道具店」で購入。先日娘のお弁当におにぎらずを作ったら、ダンナが何これ？と。それ以来、毎日、おにぎらず〜おにぎらず〜とダンナはお気に入り。娘はおにぎらずはイマイチと……。

060

▶ 2015/06/08
週末仕事……冷蔵庫を使いやすく

先日購入した「漬けもん屋のカンタンぬか床セット」でぬか漬け。とってもおいしい。しばらくご飯とぬか漬けだけでもいいくらい〜！ 冷蔵庫の中を少しだけ使いやすく。野田琺瑯も良いのだけど……やはり中身が見えるほうがいいかなぁと！冷蔵庫の中って、すぐ汚くなるから、頑張ってますよん。

▶ 2015/07/26

常備菜。カラッポの容器もうれしい

日曜日はいつも、午前中に常備菜作り！常備菜メニューは、毎週金曜日に考えます。あくまでも予定でスーパーへ行って予定の野菜が高かったりすると変更しますが……昔は広告とにらめっこしてた時期もあったなぁ〜。ほぼ日手帳にメニューを書いてから、買い物メモを作ります。そして土曜日の仕事終わりにメモを見ながら、ダ――ッと買い物。日曜日の午前中に作ります。常備菜を作る姿は誰にも見られたくないかも（笑）。すごい速さで作ります。切るものは一気に切る。ゆでるものは一気にゆでる。揚げるものは一気に揚げる。キッチンはすごいことになりますが（笑）。そして、次の土曜にはまた、冷蔵庫がほぼカラッポになるように。常備菜は、できあがったときもうれしいけど！　保存容器がどんどん空になっていくのが少しうれしかったりします（笑）。

▶ 2015/09/06 │ シチューを作りました

シチュー、かぼちゃの煮物、かぼちゃサラダ、焼きたらこ、豚肉のアスパラ巻き、酢じょうゆ卵、ブロッコリーゆでたん、小松菜と油揚げの煮びたし

接骨院へ行って来ました。軽い軽いギックリ腰ですね〜。テーピンググルグルでございます。シチューを作ったのだけど……白のル・クルーゼちゃんをテーブルに運ぶの、重いのよ（笑）。でも頑張った。酢じょうゆ卵は……娘が大好きで、おなかが空くとそのまま食べちゃうぐらい。4個ずつぐらい作るけどあっという間になくなる〜。

▶ 2015/09/14
作り過ぎない作りおき

マカロニサラダ、いんげんゆでたん、ウインナー、鶏だんご、かぼちゃと甘辛そぼろのコロッケ、ひじきのしょうが煮ごまがらめ、ゆで卵、甘辛そぼろ、さばの塩焼きお弁当用、絹さや、鮭のふりかけ

甘辛そぼろがおいしい。今週は、家人が夕飯のいらない日が多いので少なめ。作りおきで大事なのは、とにかく作り過ぎないこと！　前の週の金曜日に作りおきの献立を考えますが、家族のスケジュールを聞いておかないと大変です。

Column 09
みゆさんのおいしい作りおき。

▶ 作りおきの定番メニュー

マカロニサラダ、煮込みハンバーグ（お弁当用）、豚ばら肉で野菜を巻く（アスパラ、オクラ等々）、酢じょうゆ卵、鮭の塩麹漬け（お弁当用）、煮豚、れんこんのきんぴら、かぶの甘酢漬け、野菜をゆでておく。

▶ 簡単にできる作りおきメニュー

酢じょうゆ卵、煮豚、れんこんのきんぴら、かぶの甘酢漬け、切り干し大根、マカロニサラダ、野菜を洗っておく。

▶ 好評&大好きな作りおきメニュー

酢じょうゆ卵、れんこんのきんぴら、かぶの甘酢漬け、煮込みハンバーグ、マカロニサラダ、なすの揚げびたし。

11 manaさん
mana

→ 「**mana'sKitchen**」
http://mxmhouse.exblog.jp/

作りおき歴	2007年頃から
作りおきをする日は？	土日。なくなれば平日にも
作りおき開始の時間と所要時間は？	朝9時ごろから3時間くらい
作りおきする品数は？	5品から7品くらい

自分と家族のお弁当をラクにしてくれる作りおき。

沖縄在住、40代の働く主婦です。自分を含め、家族分のお弁当作りをラクにしてくれる作りおき。お弁当だけでなく、晩ご飯にそのままだったり、ひと手間加えたりして食べています。

▶ 2015/07/20

頑張った常備菜♪

かぼちゃのバターめんつゆ、牛肉のしぐれ煮、いかのガーリックバターソテー、れんこん酢、ピーマンとちくわのきんぴら、ちくわきゅうりの甘酢、いかとパプリカ＆セロリのマリネ

昨日は朝からキッチンと冷蔵庫の大掃除、そして、常備菜作りに励んだよ〜。今週は少し楽ちんかな〜。かぼちゃのバターめんつゆが好評！ かぼちゃ1／4個は一口大に切り、耐熱容器に入れラップしてレンジで蒸す（600wで8分くらい）。竹串がスッと通るまで加熱したら、ラップを外しアツアツのうちにバター10gを加え、溶けたらめんつゆ（2倍濃縮）を大さじ2をかけてさっと混ぜる。そのまま放置して冷ますと余分な水分も抜けます。

▶ 2015/07/26
自家製柴漬けと常備菜

塩ゆでしたブロッコリー（ゆでてしまうとあまり日持ちしないので半分は冷凍に）、ひじきの煮物、自家製柴漬け（1週間くらい経ったもの）、花にんじんのかつおめんつゆ煮、肉じゃが、エリンギとブロッコリーの芯のガーリックベーコン炒め

台風に振り回されて、やれやれの週末。

雨も全然降らなかったしは夕方にはすっかり風も収まっていたので、朝避難させた植物たちをまた出してって……。今年は、ほりえ さわこさんレシピで、ポリ袋を使って漬ける梅漬けを作りました。そのとき、少し余った赤じその梅酢漬けがあったので、自家製柴漬けも作ったよ。

11:mana
065

▶ 2015/08/02
おいし過ぎるがんもの含め煮

ひじきがんもの含め煮、揚げただけひじきがんも、かぼちゃのそぼろ煮、クーブイリチー（切り昆布とちくわの炒め物）、じゃことからし明太子のつくだ煮風、きんぴらごぼう、ベビーほたてのしぐれ煮

家のPCがwindows10になった。やりにくい……慣れるまで大変だ。今日は、がんもの含め煮を作りたくて、まずはがんも作りから。沖縄のスーパーって、がんもどきが売られてないんですよ。冬になるとおでんコーナーに少しは並んだりするんだけど。ひじきは常備菜の煮物を使ったからとっても簡単。枝豆も加えて。半分は揚げただけ、もう半分は含め煮にしました。煮汁と共に保存容器に入れ、冷蔵庫で3日は持つそうです。味見したらおいし過ぎて3個も食べちゃった。

11：mana
066

▶ 2015/08/28

ウークイの準備♪

揚げ豆腐、ごぼうの煮物、えびの天ぷら、焼き豚、オクラの天ぷら

今日は「ウークイ(沖縄のお盆の3日目最終日)」。ご先祖様をお送りする日なので　ごちそうをたくさん作りましたぁ～。いよいよ旧盆も最終日。義母が大好きだったえびの天ぷらもた～っくさん♪今年のウークイの晩ご飯は昔ながらのうちな～(沖縄)料理に。沖縄の年中行事、この旧盆を終えると主婦は本当にほっとします。

Column 10
オススメ！"だけだけ"おかず

私が実践して助かっているものに1食材おかず(通称だけだけおかず)があります。例えば、ひじきだけだったり、こんにゃくだけだったり、にんじんだけを煮ておく作りおきです。通称「だけだけ」おかず(笑)。ひじきだけを少し濃いめの味つけ(かつおだし、酒、しょうゆ、砂糖、みりん)で煮ておくだけ。もやし・スナップえんどうと炒めたり、パプリカと炒めたり。いろいろアレンジができてとても便利なんですよ。

Column 11
manaさんのおいしい作りおき。

▶ 作りおきの定番メニュー

日持ちする煮物類、酢の物。

▶ 簡単にできる作りおきメニュー

ひじきの煮物、レンジで簡単かぼちゃのめんつゆびたし、牛肉のしぐれ煮、たけのこの土佐煮、ごぼうやれんこんのきんぴら。

▶ 好評&大好きな作りおきメニュー

牛肉のしぐれ煮(家族)、ひじき(だけ)の煮物。きんぴら類。

11:mana

12 マリア358さん
maria358

▶「ひとり暮らしのごはん」
http://singlesmeal.blog.fc2.com/

作りおき歴	
2年くらい前から	
作りおきをする日は？	
週末の土日に分けて作ります	
作りおき開始の時間と所要時間は？	
準備を入れて3〜4時間	
作りおきする品数は？	
主菜3、4品、副菜4、6品	

お料理大好き。楽しみながら、週末に作りおきしています。

ニューヨーク生活を経て、イギリス、フランスに滞在、22ヵ国を旅して帰国しました。小さな頃からお料理が大好きで、その土地の身近な食材を使った簡単料理や、旬の食材を使った料理など楽しんでいます。普段はフルタイムのOLなので、節約と時短調理を兼ねて、週末に作りおきしています。

▶ 2015/01/24　お弁当用に小分けして冷凍！

ペンネアラビアータ、里いもしめじの煮物、だし巻き卵、ミートボールの甘酢あん、ミニハンバーグ、焼き鮭、豚肉野菜ロール、しめじ・ミックスコーンバター、きんぴらごぼう、ほうれん草のごま和え、さつまいものレモン煮、菜の花のおひたし

会社に持っていくお弁当をもっとラクに作れるように1週間分作りおき。料理時間はざっと午前中の3時間くらい。一口ガスコンロと小さな電気コンロがフル稼働。お弁当1回分ずつ、取り出しやすいように小分けにしてます。容器は使い捨てお弁当箱を利用。冷凍おかずはそのままお弁当箱に詰めるだけ。お昼時のランチタイムには、おいしく食べられます。さらにオフィスにある電子レンジで、チンすればほっかほか。

▶ 2015/01/24

冷めてもおいしい だし巻き卵

作っている途中から、食べたくて仕方なかったふわっふわのだし巻き卵。作りたては特においしそう。キレイな色をずっとキープできて、ふわっふわにするには、ちょっとしたコツあり。①ボウルに卵4個を割りほぐし、調味料を全部(マヨネーズ大さじ1、片栗粉小さじ2、塩少々、だし汁大さじ2、砂糖大さじ1)を加えよくかき混ぜる。②卵焼き器に油を引き、少しずつ卵液を入れ巻いていく。始めは中火、色がつきそうになったら弱火に。マヨネーズがタンパク質の結合をソフトにするから冷めてもふわっふわ。キレイな色も持続して、おいしそうなだし巻きができるのです。8等分にして保存しています。

▶ 2015/02/08

今週の作りおきおかず。

主菜／鮭とタラの南蛮漬け、春巻き、春野菜の太巻き寿司　副菜／春野菜の新じゃが＆マカロニサラダ、かぼちゃの煮物、菜の花とお揚げの煮びたし

お弁当用と、忙しい日の夜食用。主菜は、①春巻きの具を先に作って粗熱を取っている間に、②南蛮漬けを作り、ご飯を炊いて、③太巻き用の酢飯を作っておきます。副菜は、④新じゃがとマカロニサラダを作っている間に、⑤煮びたしや、⑥かぼちゃの煮物を時間差調理。今年初の新じゃがで、マカロニサラダ。朝・お弁当・夜ご飯で食べられるので、いつもより多めに作りました♪

12:maria358

▶ 2015/03/01
週末の家事。作りおきや片づけ

鶏肉の黒酢あん、大葉チーズ入りチキンカツ下準備、かにとみつ葉入りのだし巻き卵、鶏ささみときゅうりの春雨サラダ、セロリときゅうりのピリ辛漬け、鶏むね肉とさつまいもの炒め煮、酢れんこん、えびの甘酢漬け、菜の花のおひたし

最近週末の半日〜1日は家事に費やしています。毎日の仕事から、自分に戻るリセット時間です。

Column 12
maria さんのおいしい作りおき。

▶ 作りおきの定番メニュー

鶏肉料理、マリネやピクルス、乾物を使ったひじきなどの煮物。

▶ 簡単にできる作りおきメニュー

ハンバーグ生地でお弁当用のミニハンバーグ・ロールキャベツ・ピーマンの肉詰め・つくね、ミートボール等の複数主菜をまとめて一括調理。お弁当＆夕食に。かぼちゃやポテトのローズマリー焼きなど。

▶ 好評＆大好きな作りおきメニュー

鶏むね肉のはちみつレモンソース、野菜の肉巻きロール、夏野菜のピクルス、かぼちゃのローズマリー焼き。

▶ 2015/03/08
簡単★パパッと作れる メインおかず

鶏むね肉のみそマヨネーズ焼き。

鶏むね肉が柔らか〜い。①みそ大さじ2、マヨネーズ大さじ2、ケチャップ大さじ1、みりん（砂糖も可）大さじ1、しょうゆ小さじ1を全部混ぜ合わせておく。②鶏むね肉200gは食べやすい大きさに切り、酒（白ワインでも可）大さじ2をふって、片栗粉をまぶす。③フライパンに普段より少し多めに油（材料外）を熱し、②の鶏むね肉を焼き揚げの要領で両面焼く。④①の調味料を加え、全体をからめてできあがり♪ お好みでレモンをキュ〜ッと絞って。冷めてもおいしいので、お弁当のおかずにも。

12:maria358

▶ 2015/04/19

パパッと作れないものだけ作りおき

塩豚、鶏の照り焼き＊オレンジソース、中華風肉そぼろ、ふきの煮物、カラフルトマトのハニーマリネ、赤干しえびのだし巻き卵、やみつききゅうり、やみつききゅうり、セロリのピクルス、マカロニと野菜たっぷりポテトサラダ、たけのこ、糸こんにゃくの煮物

お弁当のメインおかずは前日に作ったほうがやはりおいしいので、パパッと作れないおかずや常備菜だけ作りおき。お料理の仕方も、生活パターンの変化に応じて、改善中(＾＾

▶ 2015/09/02

サーモンと野菜のエスカベッシュ＊南蛮漬け

さっぱりおいしい、地中海風のマリネサラダです。①サーモン2切れは骨と皮を取り、3cm幅くらいに切る。②小麦粉大さじ2をまぶし、フライパンに油を熱して両面こんがり焼く。③玉ねぎ（1／4個）は薄切り、にんじん（1／4本）とピーマン（1／2個）は千切りに。④れんこん（1／2節）は薄い半月切りにし、切ったら酢水につけておく。⑤小鍋に南蛮酢の材料（酢大さじ3、砂糖大さじ2、塩小さじ1／2、水大さじ3）を入れ煮立ったら、切った野菜を入れ、ひと煮立ちしたら火を止める。⑥保存袋か保存容器にサーモン・野菜、南蛮酢を入れ、冷蔵庫で30分以上冷やす。

12:maria358

13 玉田悦子さん
Tamada Etsuko

▶「家族がよろこぶ☆マンネリしない簡単作り置きレシピ☆」
http://ameblo.jp/chottoii/

作りおき歴	5年半ほど前から
作りおきをする日は?	土・日曜日または平日
作りおき開始の時間と所要時間は?	ちょこちょこ時間をみつけて作ります
作りおきする品数は?	土、日は4品くらい、平日2品くらい

簡単なのにこれおいしいね!と言われるアレンジレシピ。

千葉県在住、2歳と4歳の息子をもつ。作り置きレシピプランナー、キッズ食育トレーナー。忙しくても手料理で家族を喜ばせたい! というママたちの思いをかなえるため、定番家庭料理をちょっとだけアレンジした作りおきレシピをご紹介しています。簡単なのに「これおいしいね!」と言われる作りおきで、食卓を囲む全員にとって、食事の時間がもっと楽しいものになりますように!

▶ 2014/12/04 | にんじんとザーサイの炒め

にんじん小1本、ザーサイを炒めて調味したもの(市販品)30g、ごま油小2、酒小1、塩 適量

千切りにしたにんじんとザーサイをさっと炒めてシャキシャキ食感を楽しむ料理♪太めの千切りにするとポリポリとした食感になります。ザーサイの塩気でにんじんの甘味がひき立ちます。おつまみにもいいけど、生ふりかけ感覚でご飯にのせてもおいしい! ①にんじんとザーサイは千切りにします。②にんじんをごま油でさっと炒めて火が通ったら、ザーサイと酒を加え一混ぜし、味見をして必要なら塩をふってできあがり☆

▶ 2015/03/26

鶏手羽元のみそ煮

材料（4人分）　にんじん（乱切り）1本、エリンギ（乱切り）2本、しょうが（薄切り）半かけ、サラダ油小1、鶏手羽元8本、調味料A（めんつゆ3倍濃縮タイプ大2、酒・みりん大1、砂糖小2、水200㎖）、厚揚げ1枚、みそ大さじ1.5、長ねぎまたは小口ねぎ適量

- -

ボリュームたっぷりの主菜になる煮物。エリンギも加えて、食感の違いを楽しみます☆　下準備：厚揚げは長いほうを4等分にしたらそれぞれを斜め半分に切って三角形にします。①サラダ油としょうがを鍋に入れて火をつけて油に香りを移したら、にんじんとエリンギを加えてさっと炒めます。②鶏手羽元を加えたらAを注ぎ、落としぶたとふたをして25分程度煮ます。③厚揚げとみそを加え、水分を飛ばしながら5分程度煮たらできあがり。お皿に盛ってねぎを添えます。

▶ 2015/05/16

れんこん入りミートボールと野菜のトマトジュース煮

息子がふたりとも、離乳食時代からトマトがすごく好きだったので、困ったときはトマトをあげていました。離乳食がきっかけで、普段のお料理もトマトジュースを愛用するようになりました。今までトマト缶で作っていたものも、トマトジュースにすると簡単に味がまろやかにまとまるし、トマトをつぶして加える、という手間もなくなります。また、ミートボールにすりおろしれんこんを加えることで、卵やパン粉、炒めた玉ねぎを加えなくてもふっくらしっとり仕上がります。ミートボールには刻んだパセリをたっぷり混ぜ込むと、ぐっと本格感が増しますよ。ソースには4種の野菜（玉ねぎ、にんじん、パプリカ、えのきだけ）を加えているので、1品でお肉も野菜もたっぷりとれます。

13: Tamada Etsuko

▶ 2015/04/10　パプリカとカシューナッツのきんぴら

材料（6人分）　赤・黄パプリカ各1個、塩少々、サラダ油大1　調味料A（砂糖大1、酒大1、しょうゆ大1）、カシューナッツ35g

---

甘めの味つけではし休めにいい！カシューナッツがコクを与えてくれます。お弁当にも良いですよ☆　下準備：カシューナッツは包丁を使って縦半分に割ります。または手で半分に砕きます。①パプリカは縦に6〜7mm幅に切ります。鍋に入れて塩とサラダ油をふってさっと炒めたら蓋をして、5分ほど蒸し焼きにします。②Aとカシューナッツを加えたらときどきかき混ぜながら蓋をして煮て、お好みの食感になったら蓋を開けて水分を飛ばしてできあがり。

▶ 2015/05/09　きのこペースト

材料（5人分）　A（マッシュルーム8個、しいたけ8枚）、アンチョビ30g、にんにく1片、オリーブオイル大2、塩こしょう適量

簡単なのにおいしくておしゃれ☆　持ち運びしやすいので持ち寄りやアウトドアにも重宝します。①Aを2〜4回に分けてフードプロセッサーに入れて刻んだら、アンチョビとにんにくを加えて途中ヘラでかき混ぜて全体が均一になるまでフードプロセッサーにかけます。②フライパンにオリーブオイルを入れ、①を加えて強めの中火で水分を飛ばしながら炒めます。③水分が飛んだら塩・こしょうで味を調えます。

▶ 2015/07/17

マンゴー入り キャロットラペ

材料（3〜4人分）：にんじん小1本（120g程度）、ドライマンゴー45g、塩小1/5強、こしょう少々、オリーブオイル（またはグレープシードオイル）小2、酢小2

ドライマンゴーを、ヨーグルトに1晩つけておくとまるでフレッシュマンゴーのようなとろりとした食感になっておいしい！ というのをヒントに作ってみたら大成功！ ①にんじんは皮をむいてスライサーまたは包丁で太めの千切りにします。ドライマンゴーは包丁で斜めに千切りにします。②①にまず塩・こしょうをふって和えたら、オリーブオイルと酢も加えて混ぜて10〜15分おいて味を落ち着かせてできあがり☆

▶ 2015/07/23

白だしで和風ラタトゥイユ

炒めた夏野菜（なす、ピーマン、ミニトマト）とじゃこに白だしを加えて蒸し煮にした和風ラタトゥイユ。じゃこのうま味と塩味がアクセントになって止まらなくなりますよ。私の作りおきは「ついでの作りおき」スタイル。時間がとれる日や、たくさん作りやすい料理を多めに作っておいて、その日必要な分を取り分けたら残りを保存する、というスタイルです。

Column 13
玉田悦子さんのおいしい作りおき。

▶ 作りおきの定番メニュー

鶏手羽元のみそ煮、砂肝とピーマンの甘辛炒め、なすとみょうがのきんぴら、白だしで和風ラタトゥイユ。

▶ 簡単にできる作りおきメニュー

スペアリブのバルサミコ酢ソース煮、おろしれんこん入り豚つくね、れんこんの高菜炒め、まるごとピーマンのめんつゆ煮。

▶ 好評&大好きな作りおきメニュー

にんじんの千切り入りカレー風味鶏つくね、パプリカとカシューナッツのきんぴら、サングリアブランカ（白ワインで作るサングリア）。

13:Tamada Etsuko

14 尾崎友吏子さん
Yuriko Ozaki

▶「cozy*nest すっきり美しい暮らし」
http://kinarinococoro.blog.fc2.com/

作りおき歴
長男が2歳、フルタイムで働き出してから
作りおきをする日は？
日曜日または週の最終日
作りおき開始の時間と所要時間は？
日曜日の空いている時間、2時間程
作りおきする品数は？
下ごしらえが面倒な野菜中心に4〜8種類

忙しくても子どもを「待たせない食卓作り」を心がけています。

幼稚園、小学生、高校生の男子3人を持つワーキングマザー。時間やエネルギーの無駄を省くシンプルで自然に優しい暮らしを綴っています。購入・管理・維持・廃棄に費やす時間、費用のコストが抑えられる、モノを持たない暮らしで、自然に優しいだけでなく、家事の負担も軽減。働きながらきちんとした食卓を整えてくれた母に倣い、作りおきを活用して忙しくても「待たせない食卓作り」を心掛けています。

▶ 2013/01/30 | ゆでたものを長持ちさせる方法

平日は働いているので、料理にあまり時間をかけられません。豊かな食生活のため、おサイフのためにも週末のまとめ作りは必須です。心がけているのが緑黄色野菜をとること。土曜日に買い物をし、その日のうちに青い野菜を数種類ゆでておきます。今週は、小松菜3束、ほうれん草3束、ブロッコリー3束。青菜をゆでて水に放つとき、最後に薄い酢水に放ち、固く絞っておく（←ここがポイント）と、真水で洗うより長く冷蔵保存することができます（経験上、4、5日は大丈夫。冷蔵庫の温度、室温などでも持ちが変化するので自己責任でお願いしま〜す）。酢の殺菌力ってすごい！と思います。

▶ 2013/09/02 ｜ 週末の「手間の貯金」

わたしの週末「手間貯金」。以前は、野菜類を切ったりゆでたりしただけのものが多かったのですが、最近では「前の日に夕食ができている」のを目指し、さらに肉類などもなるべく火を通した状態まで下ごしらえをしておくようにしています。野菜類は、ゆでた葉物やブロッコリー、酢漬けやドレッシングにしたものはすぐ食べられます。みそ汁やスープ用にただ切ったものもあります。食べざかり&小さい子がいる&頭痛もちの&ワーキングマザーのわたしにとってはこれ以上の安心感はありません。温め直すお惣菜は直接火にかけられる野田琺瑯へ。お弁当用ソーセージは切り込みを入れた600gを一度に焼いて冷凍。皮むきが面倒な果物は一口大に切って朝すぐつまめるように。

▶ 2013/09/15 ｜ 揚げ物は白ごま油で

素揚げのミートボールとなす。なすは半分はマリネに、半分はパスタに入れる予定（写真左上）。素揚げにした野菜をだしでおひたしにします。作って置いておいたら、味がしみて平日そのままいただけます（写真右上）。かき揚げ。休みの日のお昼、うどんかそうめんに入れます（写真左下）。明日のおやつ用と思って揚げたじゃがいも。揚げているそばからつまみ食いされ約半分に（写真右下）。揚げ物ばかりですね……。揚げ油は白ごま油で。コツいらずで上手に揚げることができます。意外にも、色は薄く、さらりと揚がります。高いですが、揚げ物は体に入る油の量が多くなるからこそ、良い油を使いたいと思います。

▶ 2013/11/15 「目ばかり」でピクルス作り

いつも作る浅漬けやピクルス。毎回レシピを確認したりスケールを出すのも面倒です。そこで、便利なのが目ばかり。スピードアップのためにはかりを使わず、目ばかりで作ります。生の食材50gは卵1個ぐらいの大きさと覚えておくと、結構便利です。うちの野田琺瑯の容器一杯の野菜いっぱいが約500g。その塩の分量を覚えておけば、毎回わざわざ重さをはからなくても失敗がありません。

【材料】季節の野菜（玉ねぎ・かぶ・きゅうり・パプリカ（赤、黄）・にんじん・しめじ）合計500g、甘酢大さじ5（甘酢は、酢カップ1に砂糖大さじ5、塩大さじ1を加えて混ぜて作っておく）、粒こしょう…適宜

【作り方】①野菜を一口大の乱切りにする。②にんじんとしめじはさっと湯がいておく。③材料に1%（小さじ1）の塩をしてしばらく置いておく。④水が出てきたら、水気を切って甘酢を入れて味をなじませる。

▶ 2014/08/26 今週の作りおき

大根甘酢漬け、にんじん甘酢漬け、コールスロー、小松菜おひたし、さつまいもオレンジジュース煮、にんじんと大根のサラダ、かぼちゃ甘煮、ひき肉みそ炒め2回分（ひとつはジップロックで冷凍）、なすの素揚げ（写真撮り忘れました）、チキンピラフの素

今週の作りおきは、和え物のベースにする甘酢漬けや、コールスロー、おひたし。それからすぐ食べられるサラダ、常備菜。そして、料理のベースになる肉そやピラフの素など。今週、麻婆なすを作る予定。チキンピラフの素があれば、お米さえあればすぐにピラフができます。いつも作りおきができたあとは、保存容器が足りなくなります。少し買い足そうか、検討中。

14:Yuriko Ozaki

078

▶ 2015/03/18　冷凍庫はざっくり整理

今、冷凍庫の中にあるものを撮ってみました。にんじん、きのこ、長ねぎ、玉ねぎ（写真上）。このあたりは定番。野菜炒め、スープやみそ汁などがさっと作れます。自家製お惣菜（写真左下）。いかなご釘煮、おから煮物、五目大豆煮。冷凍の食材。加工された冷凍食品は買いませんが、冷凍してある素材は買います。ほうれん草、お肉、魚（写真右下）。生協で購入しています。一度に消費する量が多いので、回転も結構早く、きれいに整理はしていません。ズボラなので、ラベリングや在庫を表に書き出すなど、まめな人のまねをしても続きませんでした。我が家の冷凍庫は、2段あるので、上段は、新しく作ったもの、封の切っていないものと氷、下段は早く食べるものというようにざっくり分けています。

▶ 2015/05/11
私が常備している手作り調味料

「ドレもと」＝ドレッシングの素。我が家は少し甘めなのが好みなので、米酢2カップ、砂糖1カップ、塩小さじ2で作っておきます。油を加えれば、ドレッシングができます。オリーブオイル、ごま油など、またカレー粉やこしょう、ガーリック、すりおろし玉ねぎ、ポン酢、しょうゆ、ごまペースト、みそなどを合わせれば、さまざまな味のドレッシングができます。酢の物、酢みそ、ごま酢和えなどのベースにも。和洋中問いません。週末あらかじめカットした野菜は、ほとんど、こちらのドレもとで調味します。

Column 14
尾崎友吏子さんのおいしい作りおき。

▶ 作りおきの定番メニュー

甘酢漬け、ピクルス。

▶ 簡単にできる作りおきメニュー

ピラフの素、ミートソース、焼きそばの素など。途中まで作ることで取り掛かりと仕上げが早くなる。

▶ 好評&大好きな作りおきメニュー

玉ねぎのドレッシング漬け、紅茶豚、蒸し鶏のみりん風味。

14:Yuriko Ozaki

15 たき ひろみさん
Taki Hiromi

➡ Instagram user name「@orangetree_」
https://instagram.com/orangetree_/

作りおき歴
4年前くらいから
作りおきをする日は？
土日のどちらか
作りおき開始の時間と所要時間は？
週末のご飯支度合わせて、何度かに分けて
作りおきする品数は？
10種類くらい

季節の保存食を瓶詰めに。手作りが大好きです。

北海道在住、夫と小学1年生の息子の3人家族です。手作りするのが大好きで、雑貨を作って販売したり手芸教室を開いたり、おうちランチや弁当作り、季節の保存食を瓶詰めしたりなど、手作りを楽しみながら日々を過ごしています。家族の身体をつくるご飯は、できるだけ市販のものに頼らず手作りで。週末に下ごしらえを済ませ手早くおいしく。そして趣味の時間を楽しんでいます。

▶ 2014/12/15 息子の好きなミートソース

今週は忘年会や出張があり息子は午前保育と終業式。息子中心になりそうなのでアレンジもしやすいミートソース。野菜たっぷりで安心です♪ 私が作りおきを始めたきっかけは、子どもが小さくて買い物も台所に立つ時間も限られていたので、主人のいる週末にまとめてできるところまでやってしまおう、と思ったからでした。作りおきがあれば、忙しいときでもパッと手の込んだものが作れるし、メリハリをつけられるところが気に入り、今も続いています。

▶ 2014/12/22 | 冬休み対策で冷凍野菜。

冬至なので小豆を煮ました。クリスマスパーティは1日早く明日する予定。ローストチキンは昨年と同じクックパッドID：313431で仕込み。ピクルスにしたパプリカときゅうりはカルパッチョのソースにも使いたいのでスパイスなしです。いちごはケースから出してペーパーを敷いたトレイに平らに広げて保存すると長持ちします。きのこはペーパーと袋に入れて空気を抜いて保存です。いつもは冷凍保存なのですが、クリパでアヒージョにする予定なのでおいしい状態で保存です。そして冬休み対策で冷凍野菜。にんじん、白菜、きのこ、ピーマンのミックスはカットしてしっかりと水気をとってから冷凍しました。お昼のあんかけ焼きそばやちゃんぽん麺などに使います。凍ったまま調理できて便利ですよ〜。

▶ 2015/01/05 | 作りおき始め

2015年初の作りおきです。明日妹たちを見送り…私のお正月休みもおしまい。もうすぐ1歳の甥に癒され……そんな私を見てヤキモチを焼く息子にキュンとしました。いいお正月だったー。あと1日楽しみます。さて私の作りおき。始めた当初は集中して2時間で済ませる、と決めていたのですが、最近は週末のご飯支度でキッチンに立つ時間に合わせて、何度かに分けて作ることが多いです。時間はそのときどきで違いますが、自分の調子に合わせて無理なくやるのが続けるコツだと思います。

15:Taki Hiromi

▶ 2015/01/25 ｜ 麹のパワーは偉大だな

今週のおかずの素です。麹の秘めるパワーは偉大だな、と。もう作り始めて3年以上だと思いますが飽きることなく食べてます。毎日食べるとボケに効果がある……と何かの記事で見ましたが今のところ私のボケには効果なし（笑）。

最近、朝の園バスが遅い！ 1時間遅れるときも。雪で国道が渋滞しているためです。雪かきという大きな仕事もあるので、すっかり自分時間が減ってやりたいことが思うように進まない〜！ 新しい家用のカーテン作りとかカゴ編みとかあれとかそれとか。

▶ 2015/02/02 ｜ 野菜たっぷりミートソース

今週のおかずの素、ミートソース。野菜をたくさん入れたらすごい量になっちゃって（笑）。半分は小分けで冷凍に。節分があるのでかんぴょうやしいたけを煮るぞと思ったら、妖怪ウォッチの恵方巻きじゃないと嫌だって……。あーはいはい。やっぱりねー。

さて私は、肉や魚は、買ってきたその日にすべてカットして、下味程度の量の塩麹やしょうゆ麹を塗っておきます。こうすることで柔らかくなり、冷凍しなくても日持ちがするし、カット済みなので調理の際にもまな板を汚さず調理することができます。

▶ 2015/03/09 | 卒園まで残り2回の息子弁当

息子弁当は、卒園まで残り2回。リクエストはハンバーグとクリームコロッケ。小さな小さなお弁当箱から始まった幼稚園弁当……。いろいろ思い出すなぁ。最後はこっそりお手紙をつけようかな。今、私が愛用している菜ばしは、京都の市原平兵衛商店さんの盛りつけばし。先が細くて、これが本当にすごく良いのでオススメです。

▶ 2015/06/02
暑くなったらカレー

暑くなってくると辛いカレーが食べたくなります。今週は、ナンを焼いて食べようと思ってます。そして肉みそやそぼろがあるとこれからの時期は冷たい麺にも使えて便利ですね。うちはいずれ主人が単身赴任する予定なので、日々のおかずを手作りして持たせることができたらいいなと考えています。どのくらい日持ちするのか、どんなものが好まれるのか、WECKで長期保存できるおかず、などそのときになって困らないように、これからも作りおきを続けていきたいな。

Column 15
たき ひろみさんのおいしい作りおき。

▶ 作りおきの定番メニュー

塩麹・しょうゆ麹漬けの生鮮食品、しらす酢、きんぴらごぼう、味つけ卵、カット済み野菜（水菜・塩にんじんや塩キャベツなど）、マリネ、漬け物、スープの素など。

▶ 簡単にできる作りおきメニュー

鶏そぼろ、南蛮漬け、トマトソース、ハンバーグ、甘酢漬け、自家製冷凍食品（カット野菜、焼きおにぎり、揚げ物など）。

▶ 好評＆大好きな作りおきメニュー

冷凍メンチカツ、塩麹豚の野菜巻き、きんぴらごぼうのサラダ、牛丼やミートソースからのアレンジ料理など。

16 あゆ夫さんさん
ayuosan

➡ Instagram user name「@ayuosan」
https://instagram.com/ayuosan/

作りおき歴
2014年の4月から
作りおきをする日は？
日曜日
作りおき開始の時間と所要時間は？
昼から始めて、平均4時間
作りおきする品数は？
14品くらい

お気に入りの野田琺瑯で常備菜作りを楽しく。

北海道札幌市在住のワーキングママ。旦那さんとふたりの子どもがいます。お弁当作り・常備菜作りに励んでます。ベロを鍛えろ!!

▶ 2014/12/29 ｜ 大好きな野田琺瑯

何年もかけてチョイチョイ買い足した、大好きな野田琺瑯。作りおきもなくなって、全部容器が空いたタイミングで集めてみました。このお鍋でカレーを作ったり豚汁を作ったりしてます。カレーのこびりつきなんてお湯を入れて少し放置すると軽くこするだけでスルンと落ちるし、お手入れがラク。でも近くで見たら少し色あせてるのもあるので、漂白しなきゃ。野田琺瑯って本当に何個あってもいい！これからも増殖させたいです。

▶ 2015/03/15 ｜ お弁当と夕食用の作りおき

（右上から下に）豚肉トマト煮込み、豚肉ねぎ塩、ハムエッグ、アスパラソテー、ウインナー、ささみと豆苗の塩レモン、コールスロー、卵巾着、もやしと豆苗中華炒め、肉巻きえのき＆肉巻き菜の花、お揚げと小松菜のさっと煮、わかめときゅうりの酢の物、にんじんツナサラダ、ベーコンとれんこんの炒め物、ぶり照り、いろいろきのこマリネ、味たまちゃん

作りおきを始めたきっかけは、高校生になった息ッコのお弁当作りが始まったこと。旦那さんのも作ることになり、毎朝一からお弁当作るのが大変だったので、作りおきをするようになりました。何より一番うれしいのは、お弁当作りと夕食の支度が楽です！

▶ 2015/03/20 ｜ 娘ッコ卒業祝い

おにぎらず（ハムエッグ、とんかつ、照り焼きポーク、おかかチーズ、ツナマヨ）、ポテサラバゲット、りんごゼリー、チーズケーキ、アスパラ＆モッツァレラの生ハム巻き

今日は娘ッコの小学校の卒業式でした。涙、涙のとてもいい式でした。そしてお友達のおうちで卒業祝いパーティです。ポテサラバゲットは中身をくり抜いてからポテサラをぎゅうぎゅう詰め込みました。

▶ 2015/05/10 | 今週の作りおき

牛すじ煮込み、ハンバーグ、焼きワンタン、だし巻き卵、ブロッコリーペペロンチーノ、鶏と大根の煮物、ウインナーケチャップ炒め、豚丼の素、ガーリックシュリンプ、ゆでスナップえんどう、タラモサラダ、ほうれん草ソテー、焼き魚2種、コールスロー、さつまいも甘露煮

毎週常備菜作りに励んでいます。毎週毎週、心折れそうになりながらの完成です。作りおきがないとお弁当が大変なので、結局作っている感じ。すべて冷蔵庫で保存で、4〜5日で食べ切るようにしています。

▶ 2015/05/13 | 作りおきでお弁当

ウインナーケチャップ炒め、だし巻き卵、ブロッコリーペペロンチーノ、鶏と大根の煮物、さつまいも甘露煮

高校生弁当、夫弁当、自分弁当。ほとんどのものは、朝冷蔵庫から出して、詰めるだけなので、劇的にお弁当作りが楽になりましたよ。もう、この生活やめられません。ブロッコリーは、生のを炒めて作ってます〜。歯応えがいいのです。さつまいも甘露煮、好き過ぎて真っ先に食べました。

16:ayuosan

▶ 2015/07/12 | 作りおきいろいろ

豚こまDEチャーシュー、豚こまDEねぎだれ、スパニッシュオムレツ、鶏ハムとキャベツのサラダ、えびマヨ（えび＋はんぺん＝だんご）、煮物、鶏ハム、親子丼の素、アーリーレッドのマリネ、アスパラベーコン巻き、モロッコいんげん塩麹炒め、カラフル肉巻き（にんじん、パプリカ、いんげん、海苔）、にんじんツナサラダ、塩麹味たまちゃん、キャベツと昆布の浅漬け、カットみつ葉、なめたけ

塩麹味たまちゃんは、ゆで卵の殻をむいてビニール袋に入れて、卵4個に塩麹大さじ1入れて2日ほど冷蔵庫で寝かせて完成。鶏ハムは、観音開きして、めん棒でガッシガッシたたいてからくるくるして作ったら、すーっごく柔らかくできました。

▶ 2015/07/26
お気に入り、野田琺瑯

今から常備菜を作る予定です。最初に買ったのは大中小を各1個ずつ。そこから、どんどん増殖しました（笑）。直火にもオーブンにも使えるから本当におすすめ。お気に入りのキッチングッズで作ると気持ちも上がります。常備菜入れたらマスキングテープを貼ってわかるようにしてますよ〜。

Column 16
あゆ夫さんさんのおいしい作りおき。

▶ 作りおきの定番メニュー

味たまちゃん、すし酢で炒め物や甘酢漬け、自家製塩レモンのサラダやマリネ、自家製塩麹で漬けた鶏肉。

▶ 簡単にできる作りおきメニュー

鶏ハム→サラダにしたり、巻き寿司の具にしたり、葉物野菜と炒めたり。豚こまだんご（塩こしょうで下味つけて片栗粉をまぶして丸めたもの）→酢豚、ポークチャップなど。

▶ 好評&大好きな作りおきメニュー

私は「すし酢」が大好きなのでよく鶏むね肉とカラフル野菜で甘酢漬けをよく作ります。あとは肉巻きです。お肉を広げて海苔を敷いてから野菜などを巻きます。海苔の黒が引き締め効果でキレイに見えます。

16:ayuosan

17 夕美さん
yumi

➤ Instagram user name「@a_yu_ta」
https://instagram.com/a_yu_ta

作りおき歴
2014年6月から
作りおきをする日は？
土日が多いです
作りおき開始の時間と所要時間は？
14時頃から2時間ほど
作りおきする品数は？
10～15品目

とにかくおうちご飯が好きな家族のために。

和歌山在住、大好きなお野菜と果物に囲まれながらほんの少しお仕事をする、アラフィフ主婦です。旬のもの、新鮮なものが手に入る環境をフルに生かし、ご飯作りを楽しんでいます。とにかくお家ご飯が大好きな家族のために、週に一度少しだけ頑張る日を作ろう！と思ったのがきっかけで作りおきを始めました。

▶ 2015/04/13
頑張る日曜日

ミンチカツの下準備、卵とキャベツのカレーマヨ、牛肉となすの炊いたん、れんこんのきんぴら、五目豆、ほうれん草とベーコンのごまマヨ和え、プチトマト、たけのこの直がつお煮、ブラッドオレンジ、葉玉ねぎとベーコンのスープ

イチオシ物件はミンチカツ♪　昨日は娘の友達が遊びに来て、晩ご飯を食べて帰る～とのこと。

▶ 2015/04/13
かわいいお客様の晩ご飯

かわいいお客様のための晩ご飯。ミンチカツはじめ常備菜が大活躍。お昼は山の中の素敵なピザ屋さんに行って、お花畑で癒されて……ペンペン草を初めて見た！と大事に持って帰った都会のお友達♪　田舎を満喫してご飯食べて……幸せ～って笑顔で帰ったよ。仕事に疲れたらいつでもおいで♪

▶ 2015/04/20
明日の私へ、の常備菜。

新玉ねぎとベーコンのスープ、ゆでたけのこ、ひじきの炊いたん、牛肉・糸こん・ピーマンの炒め煮、もやしのナムル、明太子、すじこん、新玉ねぎのスライス、プチトマト、アスパラ、スナップえんどう、新しょうがのつくだ煮、ほたての甘酢煮、ラディッシュの甘酢漬け、ブラッドオレンジ

イチオシ物件はゆでたけのこ。今夜、たけのこご飯にする予定。うちの旦那は毎日たけのこご飯でもいいんやって。

▶ 2015/04/21
我が家の朝食

第一弾は5時45分頃……旦那さんの朝ご飯。常備菜と昨夜のたけのこご飯でおはよう！ うちは毎朝ってか毎食しっかり食べるんよね……まっ！おいしい言うて食べてくれるからありがたいけどね。第二、第三と続く我が家、みんなそれぞれの朝時間……もぅ慣れっこだけどね。私も今日はお仕事。いつもより早めの出勤！

▶ 2015/05/10
頑張る土曜日の常備菜

マカロニサラダ、ひき肉と野菜のゴロゴロカレー炒め、煮卵、ピリ辛きゅうり、こんにゃくの甘辛煮、ひじきの炊いたん、カラフルトマト、刻みねぎ、さくらんぼ、紫玉ねぎのスライス、きのことベーコンのクリームスープ、から揚げ用鶏肉

イチオシ物件はひき肉と野菜のゴロゴロカレー炒め。いろいろアレンジできるからオススメよ。

▶ 2015/05/12
常備菜のっけの朝ご飯

常備菜のひき肉とゴロゴロ野菜のカレー炒めをのっけておはよう♪　カレーにチーズは鉄板ね。このカレー炒めはオムレツの具としても……なかなか使える子よ。今朝も朝から高カロリー♪

17:yumi

▶ 2015/06/21 頑張る日曜日の常備菜。

(左上から下へ) ぬか漬け(大根、白菜)、刻みねぎ、プチトマト、鮭の塩麹漬け、ちくわ・ピーマン・こんにゃくのそぼろ炒め煮、キクラゲの中華風酢の物、ゆでいんげん、にんじんドレッシング、つくねだんご、紫キャベツのマリネ、おかひじき、紫玉ねぎのスライス、カラフル野菜の煮びたし、明太子、枝豆、鶏肉と野菜のトマト煮込み

仕事から帰ったきてだぁ――っと。だって誰も夜まで帰ってこないし、ご飯もきっと食べへんやろうし……とりあえず私の晩ご飯を兼ねて。しかしキッチンがゴミ屋敷みたいになった(笑)。とりあえずコーヒー飲んでから片づけよ～(笑)。これで週半ばまで楽チン。これも明日からの自分のためよね(片づけ……皆、帰ってこないから結局ダラダラしちゃったよ。反省……)。

▶ 2015/06/15 いろんな反省を込めて作った常備菜

ぬか漬け(きゅうり、水なす)、水なすの浅漬け、刻みねぎ、ゆでとうもろこし、紫玉ねぎスライス、鶏だんご、細切り野菜の酢の物、かぼちゃの炊いたん、ひじきの炊いたん、手羽元の照り焼き、ブロッコリー＆カリフラワー、ゆでごぼう、きのこのマリネ粒マスタード風、野菜スープ、えびフライ、枝豆、プチトマト、タルタルソース

ちょっと土曜日から久々に荒れてまして(笑)。反省の意味を込めて作った常備菜(笑)。イチオシ物件はえびフライ。でっかくてプリプリが食べたかったから奮発しちゃった。タルタルいっぱいかけて♪ 今週も頑張りま～す！

▶ 2015/09/24
頑張る木曜日の常備菜

ゆでいんげん、ゆでとうもろこし（ピュアホワイト）、牛肉のしぐれ煮、小松菜、ごぼうのだし煮、粉豆腐の炊いたん、柿とじゃがいものサラダ、明太子、シャインマスカット、柿の白和え、プチトマト、手羽元の甘辛煮（#夕飯の一品）、ぬか漬け（きゅうり、なす）

私の住んでる和歌山県は日本一の柿の産地です♪　今日はサラダと白和えに♪

▶ 2015/09/25
常備菜のっけておはよう♪

今日は体に優しいおいしいランチを食べに行く予定……なのでおにぎりはちっちゃくちっちゃく。

▶ 2015/10/02
ストウブで牛すじカレー

ぬか漬け（きゅうり、珍しい緑のなす）、ひじきのしょうが煮、サラスパ、コールスローサラダ、里いもといかの炊いたん、刻みねぎ、小松菜のナムル、ピーマンと糸こんのきんぴら、プチトマト、牛すじカレー、みかん

健康診断のあと、コメダで食べてしゃべって、買い物行って……常備菜作り。牛すじカレーは夕食のメイン♪　ストウブは食材のうま味を引き出してくれる魔法のお鍋です。

Column 17
夕美さんのおいしい作りおき。

▶ 作りおきの定番メニュー

作りおきとは言えませんが、洗っただけのプチトマトにゆでただけの旬のお野菜。またぬか床を復活させてからはぬか漬けも欠かせません。

▶ 簡単にできる作りおきメニュー

たらこのふりかけ。

▶ 好評&大好きな作りおきメニュー

鶏肉のトマト煮込み。鶏肉好きの旦那さんと娘の大好物です。

18 aya***さん

Instagram user name [aya_aya1128]
https://instagram.com/aya_aya1128/

作りおき歴
4年くらい
作りおきをする日は？
日曜。忙しいときは土曜に下ごしらえ、日曜に調理！
作りおき開始の時間と所要時間は？
午後から。2時間から3時間くらい
作りおきする品数は？
平均15品くらい

食べることが大好きな3人の子どもたちのために無理せず楽しく♪

愛媛県在住、3人の子どもを持つシングル母です♪「作ること」が好きな私と「食べること」が大好きな子どもたち。そんな子どもたちに「食」を通していろんなことを伝えられたら……という思いを込めながら毎日キッチンに立っています。今の楽しみは毎週末の日課でもある「作りおきさん」作り♪ 作る手間も時間もかかるけれどあると安心する作りおき。朝ご飯、お弁当、晩ご飯にフル活用しています。

▶ 2015/08/29
これでしばらくは安泰♪

明日は中3次男の大会もあったりで、朝からバタバタしそうなので今日のうちに作りおきさん作り。あーこれでしばらくは安泰（笑）。毎日のご飯作りが手抜きできます（笑）。さてとっ、晩ご飯のあとは週末のお楽しみのシュワシュワタイム。1缶79円のチューハイやけど一仕事終えた後のシュワシュワはおいし過ぎて身にしみます（笑）。

▶ 2015/08/30
久々におにぎらず弁当

おにぎらず（から揚げ＋マヨ＋レタス、焼き塩鮭＋大葉、豚こまの焼き肉たれ焼き＋もやしナムル、卵焼き＋ハム＋ゴーヤのつくだ煮）

今日はおにぎらず弁当に。久々に作ったんで具を欲張り過ぎて、ご飯で巻けてないという、残念なできあがり（笑）。

▶ 2015/09/06 | 明日からの作りおきさん完成。

高3長男のお弁当を作っているのとフルタイムで仕事をしているので少しでも平日がラクになれば良いかなと思って作り始めた作りおきさん。毎週、何を作ろうかと悩みながらクックパッドを眺めたりしてますが、結局、おんなじようなものが並ぶという(笑)。でもこうやっておくと平日のご飯作りがグーンと楽になるし、朝起きる時間も夜寝る時間も違ってくるし、平日に手を抜くために作ってるようなもんです(笑)。料理が好きだからそんなに苦にもならず……でもムリはせんよーにできる範囲でやってます。

▶ 2015/09/09
今日のお弁当

とんかつ、味玉、いんげんのマヨおかか和え、ひじきの煮物、マカロニツナナポリタン、ウインナー、ちくわチーズのトースター焼き、ふりかけご飯+じゃこピーマン

私が作りおきで気をつけているのは、安い食材しか使わないので、味つけに飽きないように気をつけること(笑)、お弁当に詰めたときの彩りを考えて野菜をチョイスすること。そして長く作り続けるためにムリはしない！　ことです(笑)。

▶ 2015/09/09
晩ご飯はペペロンチーノ

晩ご飯は、ペペロンチーノと常備菜いろいろ盛り。ベーコンときのこたっぷり。あと肉の日(29日)に100g／98円で買っといた豚ロースでトンテキを焼いてー。キャベツやら生野菜盛り盛りー。で、ごちそうさんでした。

18:aya***

▶ 2015/09/12 ｜ 明日からの作りおきさん

運動会には欠かせんから揚げ。次男からは「ジューシーなやつにしてー」とむね肉を拒否られ（笑）。先手を打たれたのでもも肉のジューシーなやつで作らせていただきました。あと#tsukuokiさんのレシピ、「枝豆とにんじんのおから和え」は彩り良し味良し、おまけにヘルシーなところもうれしい（笑）。今日の晩ご飯にも食べよーっ。

▶ 2015/09/14
お弁当3人分
豚こまのすっぱ甘辛、味玉、枝豆とにんじんのおから和え、チヂミ、ウインナー、ちくわとピーマンのオイスター炒め、とうもろこし、ごま塩ご飯＋雑魚つくだ煮

運動会は無事に終了〜。中学校最後とあって盛り上がりはハンパなく、我が子が走ろうもんならワーキャー言いながら黄色い声援が飛び交う飛び交う（笑）。昨日は22時には寝落ち（笑）。別に私が走ったわけでもないけれどバテバテ。あー母にも振替休日をくれんかね（笑）。

▶ 2015/09/15
今日のお弁当
チキンライス（チキン→ハム）＋チーズ入りオムレツ、むね肉のマヨパン粉焼き、ひじきごぼうじゃこのしょうが炒め、にんじんの明太きんぴら、ウインナー、ちくわと海苔のくるくる、ブロッコリー

今日は給食なしなので、次男もお弁当持参で登校♪　オムライス弁当にしたかったけど卵で包んだモノを詰めるのにあたふたしそうやったんで別々に（笑）。

▶ 2015/10/04
今週の作りおきさん。

あーでけたでけた。今週も残業多めになりそーなんで、ガッツリ作り込んだけど、長時間立ちっぱ作業は身に堪えるお年頃（笑）。今日は次男が朝からお出かけ〜。クラスみんなで遠足に行こう！　とか言い出した女子に乗っかった次男（笑）。受験生ということも忘れ去ったかのようにウキウキでお出かけ。君ら受験生ですけど？　もう10月ですけど？　こんだけ楽しんだら明日からは頑張るはず……よねぇ（笑）。

▶ 2015/10/04
クロワッサンドで朝ご飯

今日は長男の運動会。高校最後の運動会やけど2種目しか競技に出んという（笑）。でも見に来るやろ？　と、見に来てほしそーなんで（笑）。お友達と行ってきまーす。

▶ 2015/10/05
今日のお弁当

豚こまのから揚げ、ウインナー、味玉、ひじきとごぼうのしょうが炒め、ちくわきゅうり、にんじんのごま塩きんぴら、ふりかけご飯

Column 18
aya***さんのおいしい作りおき。

▶ 作りおきの定番メニュー
ひじきの煮物、きんぴら、野菜の下ゆで、味玉は必須アイテムです。

▶ 簡単にできる作りおきメニュー
味つけ簡単なきんぴら、にんじんのごま塩きんぴら、にんじんの明太きんぴら、じゃこピーマン、えびのベーコン巻き、ちくわとピーマンのおかかソース炒め、味玉、ししゃものから揚げ、ちくわやベーコンを使った、巻きもの詰めものは簡単なのでよく使います♪

▶ 好評＆大好きな作りおきメニュー
豚こまとんかつ、鶏そぼろ、しいたけのマヨチーズ焼き、ツナ＆オニオンのマカロニサラダ、野菜の肉巻き、ごまじゃが、ピーマンの肉詰め。

19 mihoさん
miho

➤ Instagram user name ［@miho00725］
https://instagram.com/miho00725/

作りおき歴	11年前から
作りおきをする日は？	週末土曜か日曜日
作りおき開始の時間と所要時間は？	空き時間に2〜3時間くらい
作りおきする品数は？	20品前後

明日の私が笑っていられるように。週末楽しく作りおき♪

フルタイムで働くジャスフォー＋1ママ。主人、息子小5、娘年長、愛犬の4人と1匹暮らし。週末常備菜で平日らく家事がモットーです。職場復帰する際に、帰宅後、子どもを待たせず、すぐに夕飯を食べさせてあげたくて始めました。いつでも楽しさを見出せる私でいられますように。

▶ 2015/08/22
もくもくと作りおき♪

ゆで鶏、ポークシチュー、ポトフ、プルコギ、ほたて照り焼き、ピーマンにんじんごま和え、やみつきなす、蒸しキャベツ、味玉、きゅうり漬け、ゆでオクラ、きゅうりのきんぴら、野菜炒め、にんじんとひじきのカレー風味、ししとうめんつゆ、豚肉玉ねぎマヨしょうが焼き、ツナきゅうり

所要時間150分。ひたすら黙々と作りました。まさにクッキングバトル。久々にちゃんとお料理した〜っ。楽しかった！　作りおきの器がずらっと並んでるのを見るの、大好き。

▶ 2015/08/29
お鍋はそのまま冷蔵庫イン♪

コンソメスープ、コーンポタージュ、レンズ豆カレー、ゆでブロッコリー、ジャーマンポテト、ナポリ炒め、コールスローサラダ、切り干しナポリタン、さつまいも塩バター、カレー味玉、切り干しツナきゅうりサラダ、さつまいも甘煮、ちくわかば焼き、豚丼の具、ゆで卵、ピーマンナムル、切り干し納豆、きゅうり浅漬け、キャベツカレーナムル、塩豚

お鍋のものはお鍋のまま冷蔵庫インです。安心の素、心の余裕の素。お料理楽し————っ。

▶ 2015/09/06 今週の作りおきさん

焼き豚と野菜、ミョウガ・紫玉ねぎ酢漬け、もやしニラナムル、キャベツ卵サラダ、麻婆なす、味玉、ささみベーコン巻き、なすミート、卵スープ、くるみじゃこ、なす煮びたし、いろいろ炒り煮、きゅうり漬け、ゆでオクラゆでししとう、キャベツ浅漬け、ポークチャップ、野菜スープ、豚もやしカレー炒め、豚しめじ焼き、ゆで枝豆

今日は作りおき、掃除、整理整頓、子どもたちのヘアカット、バッティングセンター、ショッピング……いろいろキツキツ詰め詰め。夕飯はお寿司。ムスメのフライングゲット誕生会とムスコのスタメンおめでとう会も兼ねて。衣食住が整い、気持ちいいSunday。

▶ 2015/09/07
麻婆なすうんまーい

クックパッドより参考にしたレシピは、「炒めて混ぜるだけの簡単マーボーなす（ID：1983484）」「さっと出来るもやしとニラの簡単ナムル（ID：2567500）」。麻婆は豆板醤抜きで、大人はラー油で辛み後足し。と思ったらラー油切れ。七味ふりふりでもうまーい！

▶ 2015/09/07
ささみベーコン巻き弁当

ささみベーコン巻き、なす煮びたし、味玉、ししとうめんつゆ、プチトマト

常備菜、今週も詰めていきまーす。ささみをベーコンで巻くという……ヘルシー食材を高カロリーにするっていう、いらない努力（笑）。

19:miho

▶ 2015/09/23 ｜ あるものでサクッと常備菜

おみそ汁下ゆで、さつま揚げとじゃがいもの煮物、野菜一掃ごっちゃ煮カレー、トマト砂糖漬け、なすの浅漬け、ブルーベリー酢漬け、わかめきゅうり中華風、ハンバーグ仕込み中、カレー味玉、さつま揚げ結びこん煮、焼きウインナー、ゆで卵、鶏肉じゃがいもケチャップ、フライドポテト、きゅうり浅漬け、なす炒り、さんまの甘露煮

お買い物に行くのが面倒くさくて、冷蔵庫＆冷凍庫開けて、あるものでサクッと常備菜。とりあえずないと平日困るからー！ハラペコの子どもたちを待たせずに夕飯を出せるし、食材も無駄なく使い切れるし、子どもとの時間や自分の時間もできる。作りおきは心の余裕の素！

▶ 2015/09/24
在庫一掃ごっちゃ煮カレー

なすとピーマンはまだ収穫できるそうなのでジャンジャンもらってジャンジャン食べよう（笑）。カレーはいつ食べてもうまいね！

▶ 2015/09/24
なす炒り弁当

リハビリ弁。ホカ弁買ったと思えば十分（笑）。お弁当には炊きたてご飯を入れないので、おかずもそのまま。熱いご飯に作りおきおかずを入れると傷む気がして。基本的にお弁当に入れるときはそのまま入れてます。

▶ 2015/09/25
明日の私のための作りおき

ほっけみりん干し、手羽元ゆで鶏、具だくさんスープ、レンズ豆入りごっちゃ煮ハヤシ、なすミート焼き肉だれ、カレー味玉、ささみケチャップ、チリしゅうまい、たこきゅうり、カットなし、かぼちゃ煮、ゆでオクラ、しめじピーマン、焼きウインナー、彩りサラダ、さつまいも甘煮、豚焼き肉、くるみじゃこ、ごまピーマン

明日私が笑って過ごすためにとりあえず作った作った。

▶ 2015/09/27
ささみケチャップ弁当

作りおきしていた私にありがとう、な朝（笑）。昨日の19時からの炎の体育会系TV「松岡修造の熱血テニス合宿」、ドMにはたまらない番組（笑）。思わずウルウル。そして、一緒に見ていたムスコからは、『ママってホント松岡修造みたいだよね』『ママ岡修造？みたいな？』と名付けていただきました。

▶ 2015/10/04
お野菜たくさんいただいて

おみそ汁大根にんじん下ゆで、デトックススープ、あるものでおでん、焼き鮭、豚焼き肉、かぼちゃ煮、白菜シーフードシチュー、ポークステーキ、すき焼き風煮、ピーマン肉詰め、野菜揚げびたし、カレー味玉、ウインナーコーン、豆腐そぼろ、白菜ナムル、ゆでオクラ、ほたて塩バター、小松菜ナムル、ツナきゅうりコーン

お野菜をたくさんいただいて、うれしい悲鳴。ホントこれどうすんの？レベル。野菜室が閉まりませーん（笑）。

Column 19
mihoさんのおいしい作りおき。

▶ 作りおきの定番メニュー
カレーやシチュー、味玉、ナムルなど。

▶ 簡単にできる作りおきメニュー
ゆで鶏、牛肉のしぐれ煮、ひじき煮。

▶ 好評＆大好きな作りおきメニュー
牛肉のしぐれ煮、ハンバーグ。

20 satokoさん

Instagram user name [@satoko161]
https://instagram.com/satoko161/

作りおき歴	半年くらい
作りおきをする日は?	日曜日
作りおき開始の時間と所要時間は?	開始時間はさまざま。トータル2時間半くらい
作りおきする品数は?	7〜9品目くらい

常備菜は和朝食、お弁当、夕飯の副菜に大活躍です。

埼玉県在住。30代主婦。小2、年中のふたりの子育て中。作りおきは主に和朝食やお弁当、夕飯の副菜用。平日家族そろって食事ができるのは朝食だけ。ワンプレートで彩りよい朝ご飯になるように心がけています。平日朝のお弁当、夕飯作りの負担を減らすため、作りおきを始めました。

▶ 2015/02/15
我が家のドライカレー
大学いも、ドライカレー（今晩食べて残りは冷凍）、つくねの甘辛煮、ブロッコリーの下ゆで、切り干し大根の煮物、ひじきと鶏肉のゆずこしょう炒め、干ししいたけとこんにゃくの炒り煮、きのこのマリネ

今週も常備菜を作りました。我が家のドライカレーは、白米か雑穀米の上にドライカレーと目玉焼き（半熟に限る）をのせて食べます。すごくおいしい。残りは冷凍しておいて、忙しい日の夕飯に食べます。

▶ 2015/02/28
今週の作りおき
照り焼きチキン、いんげんのおかか煮、はちみつレモン、しょうがのつくだ煮、わかめとしょうがの炒め物、鶏そぼろ、梅じゃこ、牛肉とれんこんの照り焼き、ほうれん草のおひたし、鶏ハム（仕込み）

いかに平日ラクするかそのために作っている作りおき。平日はメインと汁物しか作りません（笑）。これで2時間くらいかな。マスキングテープで何日日持ちするか書いて貼っておいて、平日中には食べ切る感じです。

▶ 2015/03/14 | パンケーキは冷凍に

パンケーキ（10枚）、さつまいもとりんごのバター煮、ブロッコリーの下ゆで、ちぎりパン、ピーマンとじゃこの炒め物、ツナマヨ、しょうがのつくだ煮、里いものしょうゆ煮、安納いもの焼きいも

今日の常備菜、ごく簡単なものかつほぼ新メニューはなしで、急いで作りました。パンケーキは1枚ずつラップにくるんで冷凍です。朝も便利だし、これから春休みはランチにも活躍してくれそうです。常備菜、作り始めた頃はもっと品数少なかったかも。でも1品でも2品でもあるととっても便利だな〜と思います。特にお弁当とか詰めるだけで完成……なんてときも。1週間の夕飯のメイン献立を日曜日に決めているので、それに合いそうな作りおきにします。

▶ 2015/08/02
じゃがいものお焼きが人気

マカロニサラダ、高野豆腐の煮物、ブロッコリーの下ゆで、じゃがいものおやき、えのきだけのしょうゆ煮、のりのつくだ煮、切り干し大根の煮物、糖しぼり大根、ミニトマト

ミニトマトは4歳の娘が洗って拭いてくれたので記念に。今日で家族の夏休み終了の我が家です。じゃがいものおやきは子どもに大人気メニュー。チーズも練りこんでみた。

▶ 2015/08/09
忙しいとき用にミートソース

ミートソース、わかめとしょうがの炒め物、こんにゃくの照り焼き、ポテトサラダ、鶏そぼろ、ブロッコリーの下ゆで

今週はいつもより少なめの常備菜です。ミートソースは冷凍します。簡単だしたくさん作って冷凍できるから、忙しいときにピッタリ。

▶ 2015/06/14 おいしい！ 海苔のつくだ煮

塩麹、コンソメポテト、ブロッコリーの下ゆで、手羽中のスペアリブ、ピーマンとじゃこの炒め物、絹さやの下ゆで、海苔のつくだ煮、ホワイトソース、五目巾着、アップルプレザーブ

今週はいくつか新メニュー。塩麹が来週くらいにできあがる予定なので、塩肉じゃがとか作ってみたいなぁと思っています。海苔のつくだ煮も作ってみました。予想以上に簡単、かつおいしい。保存も冷蔵で1カ月可能みたいです。多分、もう市販の海苔のつくだ煮を買うことはないでしょう。

▶ 2015/06/21
今日の常備菜
ポークケチャップ、ブロッコリーの下ゆで、こんにゃくの照り焼き、照り焼きチキン、切り干し大根の煮物

今日は娘の日曜参観でした。楽しそうに歌ったり、制作している様子を見ることができました。教室に七夕のお願いごとを書いた短冊が飾られていました。見てみると、「みんながげんきにそだちますように」……え？ 誰目線（笑）。4歳でこんなこと書くとはね。

▶ 2015/06/22
常備菜オンパレードの朝食
おむすび（おかかチーズ、しょうがのつくだ煮）、だし巻き卵、こんにゃくの照り焼き、切り干し大根の煮物、リーフレタス・水菜・大根・ほたてのサラダ、さくらんぼ

今朝は常備菜のオンパレード。山形にいる親戚から毎年この季節にさくらんぼをいただきます。昨日届きましたが、おとといに完熟した状態のさくらんぼを収穫し、そのまま送ってくださったそうです。とにかく甘いっ！ 旬のモノをいただくってやっぱり贅沢だ〜と思いました。

20:satoko

▶ 2015/6/28
ドライカレーは半分冷凍に

ドライカレー、わかめとしょうがの炒め物、梅じゃが、ブロッコリーの下ゆで、きんぴら、塩豚（下ごしらえ）

ドライカレーは今晩半分食べて、残りは冷凍します。忙しい日の夕飯に。暑くなってくると塩豚が食べたくなります。今回はおうどんに入れる予定。

▶ 2015/08/25
週末の常備菜

ブロッコリーの下ゆで、たらこしらたき、コンソメポテト、鶏手羽中のスペアリブ、オクラとチーズの肉巻き、かぼちゃのきんぴら、枝豆と玉ねぎのマリネ

今週の常備菜、週末に作ったものです。今週は新メニュー3つ。家族には好評でした。我が家は夏休み最終週。子どもたちは学校、幼稚園を楽しみにしていますが、母は夏休みが名残惜しい……。明日、もうひと遊びしてきます。

▶ 2015/09/07
早朝から常備菜作り

はちみつレモン、枝豆と玉ねぎのマリネ、大学いも、ポテトサラダ、れんこんと豚肉の香りしょうゆ、じゃがいものお焼き、ブロッコリー

今週の常備菜、今朝作りました。まだ夜が明けないうちからせっせと作るのも効率よくてなかなか良いです。大学いも、材料を入れてフライパン揺すってるだけなのでとっても簡単レシピなんです。子どもにも人気だし、お弁当にもよく入れます。

Column 20
satokoさんのおいしい作りおき。

▶ 作りおきの定番メニュー

ブロッコリーの下ゆで（朝ご飯にもお弁当にも便利だから）、照り焼き系（こんにゃくや鶏肉など）、パンケーキ（まとめて焼いて冷凍しておけば朝ご飯や簡単ランチに便利だから）。

▶ 簡単にできる作りおきメニュー

基本的に全部簡単です！ わかめとしょうがの炒め物が家族にも好評であっという間にできます。友達にレシピを教えてもらいました。

▶ 好評&大好きな作りおきメニュー

家族に好評なのは、手羽中のスペアリブ。自分が好きなのは切り干し大根の煮物。

20 : satoko
103

21 mikaさん
mika

➡ Instagram user name [@mikan0325]
https://instagram.com/mikan0325/

作りおき歴	2年ほど前
作りおきをする日は?	週末時間のある時に
作りおき開始の時間と所要時間は?	だいたいお昼過ぎから3時間くらい
作りおきする品数は?	10品目くらい

おいしくて安全だから作れるものは自分で作りたい。

滋賀県在住。30代。夫とふたり暮らし。結婚して健康のことを意識するようになってから、料理や食に関して関心を持つようになりました。お味噌や梅干し、お漬け物、パンなどできるものは何でも手作りすることを心がけています。手間をかけて作った分、愛着が湧くし、最後まで大切に食べようと思うようになりました。今秋より畑を借りて野菜作りもスタートしました。

▶ 2015/08/09
肉じゃがを山盛り作りました

ブルーベリーベーグル、肉じゃが、夏野菜ピクルス、キャロットラペ、焼きオクラのしょうがマリネ、きのこミックス、ほうれん草とブナピーのおひたし、いかマリネ、ゆで野菜と洗いトマト、ゆでとうもろこし、洗いレタス

気が付いたらお酢を使ったものばっかり。肉じゃがのあとに作るコロッケが大好きなので、今日も山盛り作りました。

▶ 2015/08/10
常備菜で朝ご飯

今朝は豆皿に常備菜をのせて朝ご飯。昨日はとうもろこしご飯を3合炊いたので、残りは焼きおにぎりに。小沢賢一さんの丸のカッティングボードは少し前にお迎えして今日初登場です。素敵な器のおかげで、お料理頑張ろうって気持ちになります。

21:mika

▶ 2015/08/23 | 今週の常備菜

ロールパン、おからの炊いたん、小松菜と油揚げの煮びたし、なすと青じそのナムル、キャロットラペ、さつまいものレモン煮、万願寺のおかか和え、春雨サラダ、洗いトマトとゆでオクラ、洗いレタス

朝市で見つけたオクラが立派で感激。春雨サラダはきゅうりとハムと卵焼きを入れています。ずっと餃子が食べたい食べたいと思ってて、今日こそ作ると決めてたのに時間と体力切れで今日も無理でした。来週こそはっ！

▶ 2015/08/25 | ひとりお昼ご飯

鶏の黒酢照り焼き、梅干しと大葉のおにぎり、春雨サラダ、ししとう、さつまいものレモン煮、なすとしそのナムル

昨日の残りと常備菜でお昼ご飯。ちょっと食べ過ぎました。輪花が特徴的な高島大樹さんの器はかっこよさもあり、かわいらしさもあり、お料理がとても映えます。もっと欲しいなぁ。

21:mika

▶ 2015/08/30 | 今週の常備菜

くるみパン、ポテトサラダ、切り干し大根の煮物、れんこんとさつまいもの甘辛炒め、カリフラワーのゆずこしょうマリネ、ゆでとうもろこし、なめたけ、さつまいもの甘露煮、洗いレタス、洗いトマト、ゆでオクラ、えのきときゅうりのさっぱり青じそ

常備菜は、全部一度に作るので、いつもキッチンがすごいことになってます。メニューを決めてから作ると、先に野菜をまとめて切ったり、ゆでたりできてスムーズ。それでも3時間くらいはかかりますが……。できたときは達成感でいっぱいです（笑）。昨日は飲みに行って人生初電車を寝過ごし（終電）、起きたら折り返しの終着駅でした…。1時間かけて迎えに来てもらいました。なんておバカな私……反省。

▶ 2015/08/31 | 常備菜で朝ご飯

アウトレットに行った帰りに、古株牧場さんでチーズを購入。以前テレビで紹介されてて気になっていたこの「つやこフロマージュ」はJAPAN CHEESE AWARD '14で金賞を受賞したチーズだそうです。はちみつをかけてもおいしそう。チーズ大好きなので、デパ地下でいろんなチーズを物色するのが好きです。木製のフォークは菅原博之さんのもの。使いやすくてお気に入りです。

21 : mika
— 106 —

▶ 2015/09/05
ようやく餃子を作れました

レーズンパン、ズッキーニと厚揚げのマリネ、かぼちゃとじゃがいものサラダ、餃子、煮卵、洗いトマト、きんぴらごぼう、洗いレタス、ごぼうとこんにゃくとにんじんの煮物、かぼちゃの甘辛焼き

録画してたドラマを見ながら50個作成。半分は冷凍庫行き。餃子、しばらく時間が経つと皮がくっついてしまいますよね。強力粉をひくようにしています。

▶ 2015/09/08
お弁当の残りと常備菜で
お昼ご飯

鶏むね肉の照り焼き丼、煮卵、きんぴらごぼう、厚揚げとズッキーニのマリネ、しいたけのお吸い物、きゅうりのぬか漬け、かぼちゃの甘辛

錦市場のごま福堂で買った、金いりごまがおいしい。お気に入りの花びらの器は右上の黒いものが石川裕信さん、下の茶色の輪花皿は小澤基晴さんのものです。木のトレイは小沢賢一さんのもの。

▶ 2015/10/04
今週の常備菜

キャロットラペ、洗いレタス、おでん、パンプキンサラダ、たたきごぼうのミックスナッツ和え、洗いトマト、ピーマンとにんじんの肉巻き照り焼き、ハンバーグ、ひじきとごぼうのきんぴら、小松菜のカレー風味ナムル、お肉ごろごろミートソース

コストコのひき肉と豚ロースで作りおきいろいろ。残りも味つけをしてから冷凍庫行き。もうこれ以上入らない（笑）。

Column 21
mikaさんのおいしい作りおき。

▶ 作りおきの定番メニュー

ホワイトソースとミートソース。たっぷり作って小分けにし冷凍庫に常備。乾物を使ったひじきの煮物や切り干し大根、マカロニサラダなど。

▶ 簡単にできる作りおきメニュー

きのこミックス。つけ合わせやスープの具に利用できて便利です。しいたけ、エリンギ、しめじ、えのきなどを適当な長さに切って耐熱保存容器に入れラップをかけてチン。コンソメを入れ混ぜる。マリネ液（白ワインビネガー、オリーブオイル、粒マスタードを3：2：1の割合）を入れて冷ましてできあがり。

▶ 好評&大好きな作りおきメニュー

蒸し鶏。おいしいし、何かと便利。

22 ビボコさん
vivoco

Instagram user name [@ocoviv]
https://instagram.com/ocoviv/

作りおき歴	4年くらい。長男が誕生してから
作りおきをする日は？	休日最終日の早朝または夕方
作りおき開始の時間と所要時間は？	朝5時または16時頃。だいたい1.5〜2時間
作りおきする品数は？	5〜13種類くらい

野菜たっぷり、素材の味を生かした作りおきで、豊かな粗食生活。

食欲旺盛な男の子ふたりの母。名古屋市在住。長男出産を機に初めて食について考える。仕事をしていることを言い訳にして買ってきた総菜ばかりを並べたくはないけれど、手の込んだ料理は作れないので、その分たっぷりの愛情を込めたおにぎりを握るのが日課。粗食で素朴な日々が続くことが幸せ。愛読書は「粗食のすすめ」。

▶ 2015/04/19
本日仕込んだ常備菜たち。

(左上から下へ) 鶏だんご、いろいろ野菜のトマト煮込み (兼離乳食)、蒸しさつまいも、かぼちゃのマッシュ、にんじんのきんぴら、ピーマンのつくだ煮、おじゃこ、千切りキャベツ、だし、大豆煮、ビスケット

うちの作りおきは、野菜多め、ノンオイル、味つけは塩のみ。凝ったものではなくシンプルなものが基本。

▶ 2015/04/27
今週の常備菜。

自家製ベーコン、野菜のだし煮 (兼離乳食)、里いもの煮っころがし、蒸しかぼちゃ、千切りキャベツ、にんじんラぺ、大根のきんぴら、だしガラ昆布のつくだ煮、タラのしょうゆ漬け、おからだんご、マフィン

また自家製ベーコン作ったったー。疲れて帰宅しても、作りおきがあればすぐにご飯の支度ができる。

▶ 2015/07/12 | 今週の常備菜。

肉率が限りなく低いポークビーンズ、昆布だし、しょうがじょうゆ、レッドキャベツ、ささみの漬け、かぼちゃのマッシュ、もやしのナムル、ミニトマト、お弁当用の少量の肉、チャプチェ、しょうが焼きセット（冷凍待機）など。

作りおきは、傷んでしまうのがこわいので、木曜日くらいには食べ切るようにしている。あとは、なるべく酢も使って傷みを遅らせるように。

▶ 20115/07/21
今週の常備菜。

じゃがいもだんごの下ごしらえ、トマトペースト、スナップえんどう、とうもろこし（生のまま冷凍！）、ハマチのしょうゆ漬け、鶏そぼろ、とうもろこしのポタージュ、蒸しかぼちゃ、れんこんのきんぴら、だし、抹茶のスコーン、ぶどう、おやつ。

今週はこれで足りるかな。暑い時期は量は控えめ＆早めに食べ切ることが大事なので。

▶ 2015/07/22
地味弁。

ハマチのしょうがじょうゆグリル、キャベツとさやいんげんの炒め物、マッシュポテト、れんこんのきんぴら、蒸しかぼちゃ

本日のお弁当と抹茶スコーンのおやつ。れんこんってかわいい。

22:vivoco
109

▶ 2015/07/27 ｜ 今週の常備菜。

五目豆、小松菜とお揚げのおひたし、ひよこ豆の水煮、にんじんラペ、かぼちゃのマッシュ、細ねぎ、黒豆煮、ゆでささみ、だし5日分

今月の食費の残り￥2750を握りしめて買ってきた食材たちの合計は￥2450。うっひょーギリギリ！　あ……でもみそも足りないなーバナナもストックしないとなー。今月から食費を減額したけど、無理だったわ。また元の額に戻さなくては。

▶ 2015/08/03
今週の常備菜。

ひじき、ささみと野菜のトマト煮、黒豆パウンド、トマトペースト、ゆでブロッコリー、とうもろこしのポタージュ、高野豆腐とこんにゃくの炊いたん、ハマチの漬け3種、だしガラ昆布のつくだ煮、ミニトマト、だし

先月の反省を踏まえて、月初めは極力少なく、後半にお金を残す作戦！　節約、なかなか達成できず……難しいです。

▶ 2015/08/03
本日のお弁当。

おやつは先週の黒豆をフル活用した黒豆パウンド。冷凍→自然解凍で傷み防止！

▶ 2015/09/14
今週の常備菜。

蒸しかぼちゃ、野菜のだし煮、肉豆腐、大豆の水煮、にんじんのきんぴら、ほうれん草のごま和え、なすのおひたし、大根の昆布煮

今週の常備菜。これと引き換えに自由時間を得たわけ。

▶ 2015/09/15
本日のお弁当。

今日のお弁当。地味！ 味つけがあんまりない薄味で。素材の味大好き。

▶ 2015/10/05
今週の常備菜

大根とにんじんの昆布煮、ハマチの煮つけ、蒸しかぼちゃ、黒豆煮（1歳児用）、ゆで小松菜、黒豆煮、もやしのナムル、にんじんのきんぴら、冷凍用の鮭、細ねぎ、蒸しさつまいも、しょうが焼きセット（冷凍待機！）、小松菜のおかか和え、おじゃこ

うちの料理に欠かせないのは圧力鍋。煮豆、煮込み料理、蒸すなど、とにかく何でも短時間であっという間にできる。

Column 22
ビボコさんのおいしい作りおき。

▶ 作りおきの定番メニュー
煮豆、きんぴら、蒸しただけのいも類。

▶ 簡単にできる作りおきメニュー
大豆の水煮→鍋に乾物の状態の大豆を入れて、水を多めに入れて火にかける。沸騰したら火を止めて蓋をして待つ。1時間経ったら中火で30分くらいグツグツと煮れば完成（固さはお好みで）。我が家は圧力鍋なので、3分圧をかけて火を止めて8分放置でさらに簡単に作ってます。

▶ 好評&大好きな作りおきメニュー
鶏チャーシュー（旦那氏と長男がよく食べる。レンジで簡単）、自家製ベーコン（長男はベーコンが好きなのだけど、市販のものは添加物が多いのが気になるのでときどき作って喜ばせてあげる。）

23 HANAMARUさん
HANAMARU

Instagram user name [@__hanamaru__]
https://instagram.com/__hanamaru_/

作りおき歴	半年ほど前から
作りおきをする日は？	平日の朝、だいたい3、4日おきくらいに
作りおき開始の時間と所要時間は？	朝6時頃から約2時間〜3時間程度
作りおきする品数は？	6〜8品ほど

子どもの体をつくるおいしくて栄養たっぷりの作りおき。

鹿児島県鹿屋市在住の40代夫婦です。小学生のふたりの息子を育てながら、暮らしの道具を扱う雑貨屋を夫婦で営んでいます。自営業ということもあって、夫婦での役割分担はせず、時間の空いているほうが食事を作っています。スポーツ大好きで将来の夢はサッカー選手、そんな息子たちをしっかりサポートしたいという思いから作りおきを始めました。

▶ 2015/07/22
ダンナさん作の作りおき

ウインナーとアスパラのオイスター炒め、とうもろこし、キーマカレー、肉団子の甘酢あん、塩から揚げ、ツナとマカロニのサラダ

私は朝からせっせと断捨離。今日はダンナさんががっつり、子どもウケメニューの作りおきを作りました！ 仕事が終わる時間が遅いためいつも夕食作りはバタバタですが、作りおきがあれば余裕です。

▶ 2015/07/26
今日の作りおき

揚げたこと野菜のマリネ、チキンとパプリカのバルサミコソテー、クラムチャウダー、ポテトグラタン、ぶりの照り焼きガーリックペッパー、ポークソテーときのこのマリネ、トマトと大葉のサラダ

久しぶりに、作りおき。作りおきを始めてからおかずの種類を多くして量を少しずつ出すようになったため、苦手なものも出せるように。育ち盛りの子どもにとってはバランスの良い食事がとれるようになりました。

▶ 2015/07/27 | 昨日の晩ご飯

作りおきのおかずで晩ご飯。作りおきは、昼食と夕食で温め直して食べます。夕食には、スープ・みそ汁・パスタ・サラダなど作りおき以外に1、2品付け加えることが多いです。

▶ 2015/07/31 | 今日の作りおき

キビナゴの南蛮漬け、さばの竜田揚げ、冬瓜とスペアリブの煮物、やりいかの煮つけ、たこときゅうりとトマトの青じそマリネ、さばのみそ煮

今日はお魚メニューにしました。作りおきは、時間に余裕があるときに作るため、いろいろな料理に挑戦するようになって、子どもがおいしいと言ってよく食べてくれるようになったのもうれしい。

▶ 2015/08/06 | 今日の作りおき

にんじんのはちみつみそマリネ、鶏むね肉の棒から揚げ、ツナときゅうりのポテトサラダ、手羽元でスープカレー、夏野菜のマリネ、かじきの竜田揚げ、牛肉とごぼうのしぐれ煮、スープカレートッピング用の素揚げ野菜

夏はスパイスで元気を出したい！今日は夫作♪ 作りおきは、家族のスケジュールに合わせて計画をしっかりと立てて、育ち盛りの子どもたちにとって飽きのこない献立作りを心がけています。

▶ 2015/08/26 | おととい作った作りおき

かぼちゃとクリームチーズのマリネ、なすとピーマンの炒り煮、けんちん汁みそ仕立て、かじきの角煮、オクラとながいものおかか和え、なんこつのうま煮、いかとアスパラのガーリック炒め、切り干し大根とひき肉のカレー炒め

今回は大人メニューで。かぼちゃとクリームチーズの組み合わせ最高！ 作りおきは、時間が経つほどに味がしみ込んでおいしくなるもの、温め直してもおいしくいただけるメニューで。

▶ 2015/09/04 | # 今日の作りおき

なすとピーマンの揚げびたしなめたけ和え、ししとうのおかか炒め、里いもの揚げ出し、冬瓜・バラ肉・揚げ豆腐の煮物、鹿屋産落花生豆腐、ごぼうとウインナーのきんぴら、きゅうりとひき肉の塩炒め、さんまの梅煮

今日は夫作です。落花生豆腐は2回目の挑戦で成功。手作りの落花生豆腐！ おいしかったです。

▶ 2015/09/08
カレーの作りおき

困ったときのカレー。子どもも大好き。カレーを作るときはいつもこれくらいの量を作ります。玉ねぎ20個、豚のほほ肉2キロ使って約30食分。1カ月でなくなります。根菜類を入れなければ冷凍してもおいしいままです。

Column 23
HANAMARUさんのおいしい作りおき。

▶ 作りおきの定番メニュー

疲労回復に効果がある鶏むね肉の料理やお酢を使った料理、旬の食材を使った料理をよく作っています。鶏むね肉のから揚げ、いかの煮つけ、魚の南蛮漬け、季節の食材を使ったマリネなど。

▶ 簡単にできる作りおきメニュー

にんじんのはちみつみそマリネ、肉じゃが、切り干し大根とカレー炒め、魚の角煮、きゅうりのマリネ、ポテトサラダ。

▶ 好評&大好きな作りおきメニュー

煮込みハンバーグ、コロッケ、いかの煮つけ（子どもたち用）、魚の南蛮漬け、魚の角煮、なすの揚げ浸しなめたけ和え、かぼちゃとクリームチーズのマリネ（夫婦用、つまみにもいい）。

24 ホロンさん
holon

Instagram user name [@holon_]
https://instagram.com/holon_/

作りおき歴	3年くらい前
作りおきをする日は？	日曜、土曜、平日調理中に手が空いたときなどに
作りおき開始の時間と所要時間は？	特に設けていません
作りおきする品数は？	その日によって

お掃除、お片づけが好き。スッキリ、整理整頓した冷蔵庫に作りおきを収納しています。

東京都在住、30代会社員。正直、料理は得意なほうではないので、凝った料理は作れませんが、旬のお安い食材をシンプルに楽しむのが好きです。フルタイムで仕事をしているので、帰宅後もすぐに調理できるように下ごしらえをよくしています。

▶ 2015/03/06
今日の野菜室

Instagramで流行りの、キャベツたっぷり「沼サン」が作りたくて、千切りキャベツを買ってきました……。ああ……どこまでもズボラ。葉物は鮮度保持袋「愛菜果」へ入れてから保管すると長持ちします。長ねぎは半分に切ってジップロックへ入れると乾燥しません。

▶ 2015/03/13
冷蔵庫記録

夕飯の片づけついでに冷蔵庫記録。だいたい使い切ったけど、豚こま塩麹漬けが余ってしまっている……早く食べないと！　早く食べたいものは、扉を開けて目の前の場所に置いて無駄に緊迫感（？）出てます。

▶ 2015/03/26 ｜ 冷蔵庫記録

この豆腐の多さ……。今日は豆腐料理だな……。3人家族だと、普通サイズだと必ず余るので、3パック入りの小さめサイズが使い切れて好きです。パッケージを取るとシンプルに賞味期限だけの表示になるし。もやしは、買ったらすぐにサッとゆでて、保存容器に入れておけば、痛みにくくわりと長持ちします。

▶ 2015/04/07 ｜ 今日の冷蔵庫記録

今日は雨だったので、お買い物はお休み。家にある食材で無理矢理（？）晩ご飯。こんなときは、冷蔵庫や野菜室に残っている食材を2ワードくらい入れて、Google検索でレシピ探しをしています。使い切るのは気持ちがいいです。冷蔵庫も片づきました。

24 : holon

▶ 2015/04/17 | 今日の冷蔵庫記録

本日もほとんど変化のない眺めですが……納豆やお豆腐など、賞味期限の見やすい方向にしまうとパッとわかるので便利です。スーパーで半額になっていたあまおうをレンジでコンポートにしました。明日はパンケーキだ！

▶ 2015/05/05 | 見える化してます

昨日まで実家に泊まりに行っていたので食べ物が少ないです。食品のロスが出ないように、ゼリーでもなんでも透明のガラス容器に入れて「見える化」してます。うちのガラス容器は、ダイソーだったりイワキだったりいろいろ。ガラスは見えやすいし清潔感もあるので。みそ入れは、野田琺瑯のもの。メロンがお安くおいしい季節。すぐパクパク食べられるように一口カットして保存しています。

▶ 2015/06/01 ｜ 充実している冷蔵庫

給料日後は何かと充実している冷蔵庫の食材。痛みやすい季節にもなってきたので、食材は一気に買い過ぎず、うまく使い切りたいところです。シマダヤの流水麺は、ゆでなくていいのがすごく楽！ これ考えた人天才過ぎます……！ なるべく火を使いたくない暑い夏によく食べます。この夏も時短食材として大活躍の予感です。

▶ 2015/06/21
コストコ行ってきました

今日は、チョコマフィン欲しさに久しぶりにコストコへ行ってきました。日曜日＋父の日＋ボーナスの３コンボで、かなり混み合っておりました……皆さんそんなに爆買いして冷蔵庫に入るんだろうか……と余計なお世話的な心配をしつつ、無事マフィン購入。冷凍して、ちょこちょこ食べるのが至福です。今夜もアイスコーヒーと一緒に。

Column 24
ホロンさんのおいしい作りおき。

▶ 作りおきの定番メニュー

しょうがじょうゆで炒めたそぼろ肉（そのままご飯にかけても、料理に足しても……いろいろ使えます）、カットトマトなど生野菜のカットしておいたもの（サラダに添えたり、スープに入れたり）。

▶ 簡単にできる作りおきメニュー

かぼちゃの煮物や、さつまいもの甘露煮、ほうれん草のごま和え。

▶ 好評＆大好きな作りおきメニュー

クックパッドで気に入っているのは「ほうれん草とトマトのツナドレッシング（レシピID：240472）」、「はるこばあちゃんのサバケチャ（レシピID：426402）」、「食べ過ぎ注意☆鶏肉のねぎマヨポン炒め（レシピID：450372）」。

25 まさりんさん
masarin

Instagram user name「@masarin2010」
https://instagram.com/masarin2010/

作りおき歴
8年前から
作りおきをする日は？
決めていません
作りおき開始の時間と所要時間は？
夕食作りを兼ねて
作りおきする品数は？
1品か2品

お弁当作りを少しでもラクに負担なく続けるために。

三重県在住、パート、40代主婦。高校生の娘のお弁当を少しでも楽に短時間で作れるように、作りおきをしたり、冷凍したりしています。野菜やきのこ類は、よく使うサイズにカットして、忙しい毎日の家事の負担を軽減する工夫をしています。お弁当に入れる副菜のレパートリーを増やしたいです。

▶ 2015/07/26
週末のちょっと常備菜作り

トマトスープ、ハンバーグ、ゆで卵、ポテサラ、オクラ、チャプチェ

ポテサラ、息子が巣立って消費量が減ったのをすっかり忘れ、大量に作ってしまった（笑）。ハンバーグは、ノーマルとトマトスープの煮込みと2種類。

▶ 2015/07/27
私のお弁当

ハンバーグ、チャプチェ、ゆで卵、ポテサラ、アイコ、オクラ

高校生の娘は今日、お弁当がいらないと言うので、私のお弁当。昨日の作りおきのまんま弁当。昨晩の煮込みバーグ、おいしくできた。

▶ 2015/10/04
冷蔵庫の残りで作りおき

エリンギのポン酢煮、かぼちゃのサラダ、大根の甘辛煮、オクラの煮びたし、にんじんピーマンのオイスター炒め、つくねの照り焼き、いんげんのごま和え、肉みそ、ゆで卵のだししょうゆ漬け

先週は忙しくて手抜きしてたので、冷蔵庫の野菜が弱ってる(笑)。お肉を買い足して作りおき。作りおきの器がズラッと並ぶのが爽快(笑)。ストレス発散にもなってるかも。

▶ 2015/10/05
今週の作りおき

つくねの照り焼き、かぼちゃのサラダ、にんじんピーマンのオイスター炒め、卵のだしじょうゆ漬け、いんげんのごま和え、ミニトマト

先週、テレビでミニマリストの特集をしていました。ミニマリストとは、物を持たない暮らしなんだって。あそこまでは無理。我が家はまだまだ物が多い。でも、早速、夏物の洋服や使ってないかばんなどを処分しました。

▶ 2015/10/07
玉ねぎドレッシング

ずっと作ろうと思ってた玉ねぎドレッシング。玉ねぎ2個、涙と鼻水ズルズルでカットしました。3カ月持ちます。ゆでたひじきやにかまと和えて食べます。あとは、お弁当用の卵とチンゲン菜の炊いたん1品追加。

Column 25
まさりんさんのおいしい作りおき。

▶ 作りおきの定番メニュー

ひじき煮、切り干し大根煮、カット野菜、カットきのこ。

▶ 簡単にできる作りおきメニュー

玉ねぎドレッシング:玉ねぎを千切りにしてサラダオイルと酢に漬け込んでひじきやかにかま、トマト、ポテトと和えたりしてアレンジしています。

▶ 好評&大好きな作りおきメニュー

煮豚は毎回好評。麻婆豆腐は辛さも家族好みで家族も大好きなメニューです。麻婆豆腐の素を2回分まとめて作って冷凍しています。

26 kimiさん
kimi

Instagram user name [@shikihori]
https://instagram.com/shikihori/

作りおき歴	
2014年秋から	
作りおきをする日は？	
主に月曜日午前中	
作りおき開始の時間と所要時間は？	
10時頃から1時間半から2時間	
作りおきする品数は？	
約10品〜13品程度	

食事は大事！野菜をたくさん手作りで用意したいから、日々奮闘中です。

現在は、東京都在住。転勤で数回引越しをしています。小学生女児ふたりをもつ、40代の母。健康な身体と心を作るのは、食事が大事と感じているので、なるべく野菜をたくさん、手作りで用意したいと心がけています。だけど、本人はぐうたらの面倒くさがり屋のダメダメ母ちゃん。いかに理想と現実をうまく調和させるか、日々奮闘中です。

▶ 2015/08/24
今週はこれでしのぎます

かぼちゃサラダ、にんじんラペ、ゆでオクラ、アスパラベーコン巻き、にんじんピーマンきんぴら、焼きなかいも、長ねぎクタクタ煮、アスパラおひたし、鮭塩焼き、ゆで卵、肉みそ、焼き肉、手羽中照り煮、ラタトゥイユ、ゆで鶏むね肉、ゆで豚、ゆでえんどう

今週は予定がいろいろあるので、作りおきいっぱいで。今週中盤あたりまではこの作りおきでしのぎまーす。

▶ 2015/08/25
作りおきプレート

ゆで豚ソテー、にんじんラペ、かぼちゃサラダ、オクラ、キャベツベビーリーフ、トマト、長ねぎくたくた煮、ニラもやしスープ

本当は、ゆで豚を野菜で巻いて食べようかと思ってましたが、あまりの冷え具合に、変更して、さっとソテーして、デミグラスソースをからめました。サラダをモリモリ、作りおきの楽ちんプレート。

26:kimi

▶ 2015/09/07
今週の作りおき

ゆでブロッコリー、焼きウインナー、れんこんきんぴら、にんじんしりしり、たたき酢ごぼう、にんじんラペ、コンソメポテト、ゆで卵、炒り卵、さつまいもメープルバター、かぼちゃ煮、キャベツ甘酢漬け、梨カット

午前中の雨のうちに仕上げました。今週は週末まで主人は出張。主人が好まないので日頃なかなか出さないいも系を多く、副菜メインで。

▶ 2015/09/07
シンガポールライスと
作りおきさん

シンガポールチキンライス、キャベツの甘酢漬け、ゆで卵、ゆでブロッコリー、にんじんラペ、アオサのスープ、巨峰

今日は前々から食べたかった、シンガポールチキンライス。炊飯器にお任せメニューは、助かる。あとは作りおきさんと、スープでおしまい。ぶどうは次女のお誕生日祝いに、義母からいただいたもの。簡単で豪華な夕飯になりました。さーて、のんびりしよーっと。

▶ 2015/10/05
夕飯ついでに作りおき

豚肉玉ねぎ炒め、卵焼き、さつまいも甘煮、ウインナーベーコン炒め、小松菜揚げ煮物、ゆでブロッコリー、肉みそ、ピーマンにんじん炒め、えびガーリック炒め、ゆでオクラ、鮭ふりかけ

明日はPTA行事で1日仕事につき、夕飯ついでに、とにかく作りました。鮭ふりかけは、焼き鮭をほぐして、ごまと大葉を混ぜました。

Column 26
kimiさんのおいしい作りおき。

▶ 作りおきの定番メニュー
ゆで野菜、サラダ、ピクルスなど。

▶ 簡単にできる作りおきメニュー
ゆで野菜を、めんつゆにつけるおひたし。ゆで豚、ゆで鶏。

▶ 好評&大好きな作りおきメニュー
家族に好評なのは、冷やしラタトゥイユ、揚げびたし、ローストビーフ、ゆで豚、南蛮漬け。自分が好きなものはかぼちゃサラダ、にんじんラペ、ゆで鶏。

26:kimi

27 永森茉莉子さん
Eimori Mariko

Instagram user name 「@eimoritwinsmom」
https://instagram.com/eimoritwinsmom/

作りおき歴	4年前くらい
作りおきをする日は？	日曜日朝
作りおき開始の時間と所要時間は？	日曜の予定次第。2時間半くらい
作りおきする品数は？	20品前後

双子育児で毎日奮闘中。作りおきが大活躍♪

富山県在住、30代。双子男子の母。毎日が家事・仕事・双子育児の戦いです。育児をしていくなかで、食の大切さと、親自身の健康も大切なんだと痛感。主人と自分の昼のお弁当も大事にしたいと思っています。子どもと過ごす時間を作るためにも、作りおきはとても役立っています。

▶ 2015/08/10
作りおきは私の味方！
ポテサラ、ハンバーグ冷凍、鮭オンポテサラ、揚げ出し豆腐、さわらのしょうゆ焼き、オクラ煮びたし、ささみオクラ煮びたし、クリームトマトチキン煮込み、あさりパスタ、いんげん、ブロッコリー、にんじんしりしり、メロン、カレイバター焼き、きゅうりとささみのマヨ和え、キムチもやし炒め

作りおきは、今週も1週間、仕事も家事も育児も休みなんてない私の味方。

▶ 2015/08/31
アレンジが効くもの多めで
ブロッコリー、マカロニじゃがいもサラダ、とんかつ、きゅうり梅肉和え、エリンギえのきにんじん炒め、ひき肉もやしエリンギバターじょうゆ炒め、オクラおかか和え、鮭香草パン粉下ごしらえ、しいたけひき肉チーズ焼き、白菜ハムのビーフシチュー風、手羽元バーベキュー焼き、れんこんの天ぷら、餃子、まぐろ漬け、マカロニミートソース

アレンジがきくものを多めに。こうやって並べると、ツインズは好きなものを取り、残さないのでうれしい。

27:Eimori Mariko

▶ 2015/09/07
今週はうまくいく、常備菜。

シーザーサラダ、ゆで卵とブロッコリーのマヨ和え、ハンバーグ、チキンマヨラップ包み、白身魚フライ、から揚げ、鮭とさつまいもとブロッコリーのバジル和え、小松菜ピーナツ和え、サーモンブロッコリーオレンジマリネ、ゆでブロッコリー、メンチカツ、ちくわの磯辺揚げ、鮭のムニエル、かぼちゃ煮つけ、しいたけのチーズマヨ、タラ煮つけ

チキンマヨラップ包みはコストコで見たやつをまねした（笑）。今週はきっとうまくいくような、常備菜になりました。

▶ 2015/09/14
水曜にはきっとすっからかん

小えびフライ、チーズ春巻きの皮あげ、キャベツとさつまいものみそ汁、ごまみそかぼちゃ、シチュー、ピーマンの肉炒め、肉じゃが、ブロッコリー、さわらハーブ下ごしらえ、鮭焼き、豆ひじき煮、プルコギ春巻き、ゴーヤチャンプル、銀ダラ、れんこんきんぴら、ポテサラマスタード和え、焼き鮭マリネ

これだけ作っても水曜日にはもうすっからかん。

▶ 2015/10/05
今週の作りおき

車麸卵とじ煮、鮭シチュー、タンとトマトのサラダ、から揚げ塩麹からめねぎのせ、餃子、もやし卵いため、もやしピーナツ和え、卵ブロッコリーマヨ和え、アスパラ玉ねぎジュレがけ、はんぺん焼き、にんじん煮、メンチカツ、ほうれん草ピーナツ和え、ねぎ焼き、シャインマスカット、アスパラ、ブロッコリー

ツインズ、給食もママのご飯ならいいのにーだって。うれしい。

Column 27
永森茉莉子さんのおいしい作りおき。

▶ 作りおきの定番メニュー
緑の野菜。ブロッコリー、いんげん豆等。

▶ 簡単にできる作りおきメニュー
トマトのらっきょう酢漬け。

▶ 好評＆大好きな作りおきメニュー
もやしカリカリチーズ焼き。

28 hananaさん
hanana

Instagram user name 「@hanana946」
https://instagram.com/hanana946/

作りおき歴	1年ほど。
作りおきをする日は?	毎週日曜
作りおき開始の時間と所要時間は?	9時頃から、だいたい2時間半くらい
作りおきする品数は?	12~14品くらいです

おいしい食事は頑張っている自分へのごほうびです。

北海道在住の30代会社員です。ひとり暮らし。おいしい食事は頑張っている日々へのごほうびだと思います。1日3食、できれば身体に良くて自分がおいしいと感じるものを口にしたいけど、毎回一から作る時間も気力もない。そんなとき作りおきがあれば安心だし、気持ちに余裕が生まれます。明日の「疲れた自分」のための下準備、それが私にとっての作りおきです。でもお酒も居酒屋も大好きです!

▶ 2015/08/23
今週はお弁当は2日のみ
グリーンカレー(ストウブ)、リーフレタス(メイソンジャー)、きゅうりの千切り(メイソンジャー)、ジャーサラダ×3(メイソンジャー)、デトックスウォーター×2、ブロッコリーの梅マヨ和え、鶏の照り焼き(下ごしらえ)、にんじんきんぴら、さつま揚げとブロッコリーの茎のオイスターソース炒め、ブロッコリー塩ゆで、豚のしょうが焼き

今週は研修三昧なのでお弁当デーは2日間のみです。飲み会もあるので野菜多めメニューにしてみました。

▶ 2015/08/24
作りおきをそのままお弁当へ
目玉焼き、さつま揚げとブロッコリーの茎のオイスターソース炒め、にんじんきんぴら、ブロッコリーの梅マヨ和え、ジャーサラダ、豚肉のしょうが焼き

変な寝方しちゃって、超やる気が出ない月曜。会議と飲み会もあってさらにやる気が出ない……とりあえず頑張りますー!

▶ 2015/09/13
おいしいトマトと玉ねぎで
カレー（ストウブ）、デトックススープ（DANSK）、デトックスウォーター×2、トマトソース（冷凍用）、ジャーサラダ×3（メイソンジャー）、トマトソース（冷蔵保存用）、きゅうり輪切り（メイソンジャー）、トマトソース（メイソンジャー）、にんじんきんぴら、れんこんのピリ辛ナンプラー炒め、さんまのトマト煮込み

完熟トマトと玉ねぎを安く購入できたのでトマトソースをたくさん作りました！　もう体力は残っておりません！

▶ 2015/09/14
今週も頑張りますか
さんまのトマト煮込み、目玉焼き、れんこんのピリ辛ナンプラー炒め、にんじんきんぴら、サラダ

すっきり晴れたことだけが幸いの月曜。一週間が始まってしまいました。今週も頑張りますか……（´・ω・｀）

▶ 2015/10/04
究極常備菜・おでん
タラキムチ鍋（今夜用）、洗いプチトマト、デトックスウォーター×2、おでん2日分（ストウブ）、ゆで卵味しみ中、大根とパクチーのサラダ、さんまのしょうが煮、おでんおひとり様セット×3、ねぎカット

明日からしばらく研修が続きます。ちょっとハードなのでお昼は研修所で食べるとして夕飯……よし、ここは究極の常備菜・おでんでしょう！　明日明後日分のお鍋＋おひとり様セットも作りました！　やったどー！

Column 28
hananaさんのおいしい作りおき。

▶ 作りおきの定番メニュー
にんじんのきんぴら、葉野菜のおひたし、ナムル、厚揚げの料理、カット野菜果物、下処理したねぎやきゅうり。

▶ 簡単にできる作りおきメニュー
オムライスの素、親子丼の素、焼き鮭のしょうゆ漬け（一度焼いた鮭を、しょうゆみりんに漬けておきます。日持ちもするし、身がしっとりとするので普通の焼き鮭とは一味違い、とてもおいしくなります）。

▶ 好評＆大好きな作りおきメニュー
ジャーマンポテト、厚揚げのココナツカレー炒め（ココナツオイルで厚揚げ＋α）、新玉ねぎツナポン、和風スープカレー、デトックスウォーター（むくみが劇的に減り、飲んだ次の日も二日酔いがなくなりました）、梅酒。

山本舞美さん
Yamamoto Mami

 「HOSHIZORA DINING」
http://starry1.exblog.jp/
Instagram user name「@hoshizoradining」
https://instagram.com/hoshizoradining/

作りおき歴	3年前。一度中断し、今年7月から再スタート
作りおきをする日は？	仕事休みの土日。火曜日あたりに作り足し
作りおき開始の時間と所要時間は？	11時頃からお昼を挟んで3時間ほど
作りおきする品数は？	多い日は小さな物も含めて10品ほど

料理をはじめ、物作りが好き。いろいろ工夫していきたい。

横浜在住、Technical illustrator、32歳。料理などの物作りが好きです。長男の夏休みが始まり、お弁当作りが増えたことによって作りおきを始めました。常温でおいしいおかずを、いろいろと工夫していきたいと思っています。

▶ 2015/07/20
夏休みお弁当対策の常備菜作り

紅茶ゼリー、レッドキャベツのマリネ、プチトマトのゆずみつマリネ、プチトマト、うずらの味玉、しそ、きのこと九条ねぎのフジッリ、かぼちゃのそぼろ煮、しめじとエリンギのソテー、小松菜と絹厚揚げの煮びたし

長男くん夏休み開始につき、お弁当用の常備菜作り。今まで常備菜作りはあまりしてこなかったけど副菜だけでも、と。毎日のお弁当作り、うまくいくか不安です……。

▶ 2015/07/21
ついにお弁当開始

かぼちゃのそぼろ煮、きのこと九条ねぎのフジッリ、プチトマトのゆずみつマリネ、レッドキャベツのマリネ、しそ、うずらの味玉、鶏つくね、梅干し、黒ごま

長男くんは今日から学校内の学童へ。ついにお弁当作りが始まりました。昨日作った常備菜だらけのお弁当です。お肉が苦手な長男くんのお弁当には、つくねなし。明日は鮭フレークでも入れてあげるかな。

▶ 2015/07/26

明日からのお弁当用に。

にんじんマリネ、鶏ひき肉のミートソース、牛すじとこんにゃくのみそ煮、豚の角煮と味玉

昨日はお疲れの次男くんの寝かしつけで一緒に寝てしまい、気づけば朝……。もう少し副菜も作りたかったんだけど、今日はここまで。また明日からお弁当、5日間だー；；

Column 29
山本舞美さんのおいしい作りおき。

▶ 作りおきの定番メニュー

彩りのための、レッドキャベツやにんじんのマリネ、湯むきプチトマト、しそ。すき間おかずに、うずらの味玉等。

▶ 簡単にできる作りおきメニュー

すき間おかずの、「うずらの味玉」はめんつゆを薄めて漬け込むだけ。子どもたちの夏のおやつ用の「紅茶ゼリー」は、てんさい糖を使って甘さ控えめ紅茶ゼリーを作り、冷やし固めてクラッシュさせたら軽くはちみつをかけて食べます。とってもおいしいです。

▶ 好評&大好きな作りおきメニュー

鶏ひき肉のミートソースが評判良いです。できあがりを小分けにして冷凍しています。

▶ 2015/07/29 | 常備菜の追加

梅ジュースゼリー、鳴門金時の甘煮、にんじんマリネ、下仁田こんにゃくのみそ炒め、うずらの味玉、肉だんご和風味、焼きなす、全粒粉ペンネのマスカルポーネトマトソース

昨晩は、常備菜の追加を作りました。お弁当のおかずは途中で足りなくなるので火曜日あたりに作り足します。常備菜の保存には、野田琺瑯の容器、WECKのガラス容器、OXOのロックトップコンテナを愛用しています。常備菜があると、おかずの品数を多く出せるようになってよかったです。

30 美奈子さん
MINAKO

➤ Instagram user name [@kimi.nako]
https://instagram.com/kimi.nako/

作りおき歴	半年
作りおきをする日は？	仕事休み前日の金曜または仕事休みの月曜
作りおき開始の時間と所要時間は？	金曜16時から約2時間 月曜10時から2時間
作りおきする品数は？	平均8品目

食事をおろそかにしたくないから。作りおきは自分へのプレゼント。

関西在住40代主婦。5歳年上の夫、大2、高2の娘ふたりとの4人暮らし。近所のイタリアンのお店で料理しています。Instagramを始めて作りおきをするようになりました。以前から忙しくても日々家族の食事だけはおろそかにしないように心がけていましたが「作りおき」は強い味方になっています。今では「作りおき」は何日分かの自分へのプレゼントと思って作っています。

▶ 2015/06/29
ちょこっと常備菜

焼きなすと焼きズッキーニのマリネ、モロッコいんげん・コーン・ミニトマトのマリネ、ゆでほぐし鶏むね肉、ゆでとうもろこし、ジャーサラダ

ちょこっとだけ常備菜。昨日1日仕事のときも常備菜に助けられたので、作りおきはやめられません。今日の休みは家仕事したあとマッサージに神戸まで身体のメンテ行ってきます♪

▶ 2015/07/28
できるもので作りおき

手羽先の甘辛煮、生春巻き（レタス、水菜、トマト、アボカド）、サーモンのオーブン焼きトマトとハーブのソース、トマトアボカドサラダ、ゆでオクラ、グリルズッキーニのマリネ

今日は買い物に行かなかったけど、できるもので作りおき。サーモンのオーブン焼きはIKEAのレトルトソースをかけて焼いただけですが。

▶ 2015/08/04
野菜たっぷり常備菜

ジャンボしいたけの肉詰め、れんこんの肉詰め、アジの南蛮漬け、ひじき煮、味玉、ほうれん草のごま和え、コールスローサラダ、ジャーマンポテト、トマトのパン粉焼き、チキングラタン、トマトソース、かぼちゃのピューレ、かぼちゃサラダ、れんこんチップ

料理は彩りも大事だと思うので、赤・緑・黄色などいろんな野菜を使うようにしています。買い物へ行って新鮮な野菜を買ってきたらすぐに作るようにしているのがこだわり。

Column 30
美奈子さんのおいしい作りおき。

▶ 作りおきの定番メニュー
味つけ卵（ゆで卵をめんつゆにつける）、野菜のピューレ、キャロットラペ（にんじんを千切りして酢、オリーブオイル、砂糖、塩こしょうで和える）、きんぴら。

▶ 簡単にできる作りおきメニュー
味つけ卵、キャロットラペ。

▶ 好評＆大好きな作りおきメニュー
野菜のピューレ。かぼちゃ、じゃがいも、にんじん、コーン、きのこなどなんでもピューレにしておけば、牛乳を加えてスープにしたり、パスタソースにしたり、リゾットのソースにしたりなどアレンジがきくのでよく作ります。

▶ 2015/09/02
コノシロ（コハダ）のお寿司仕込み

豚ばら肉のいちじくソース煮込み、かぼちゃとベーコンのマヨチーズ焼き、ポテトサラダジェノベーゼソース和え、ミニトマトマリネ、キャロットラペ、さつまいものオレンジ煮、コノシロのお寿司仕込み

近所のスーパーでコノシロを発見！ 毎年秋に作るお寿司なので今年初。塩をして、夜に酢につけて、明日寿司飯を作る予定です。

▶ 2015/09/04
コノシロ寿司できました

写真は4本ですが16本作りました。このお寿司は主人の実家のお祭りの時期に作るお寿司で、義母から教わりました。それまで光り物のお魚は苦手でしたが、このお寿司で克服。ほんとにおいしいんです。両方の実家に届けてあとはうちで食べるけど、あと何回か作るつもりです。魚は酢じめしたあと冷凍できるので、時期が終わってもいつでも楽しめます。

30 : MINAKO

31 HUEさん
HUE

➤ Instagram user name「@maru152」
https://instagram.com/maru152/

作りおき歴
2年ほど
作りおきをする日は？
土曜か日曜。旦那に息子を見てもらえるとき
作りおき開始の時間と所要時間は？
午前中。2〜3時間くらいです
作りおきする品数は？
15品前後。多くても20品ほど

日々のご飯作りの時間が断然短くなりました！

よく食べる夫と1歳4カ月の息子を持つアラサー新米母さんです。主婦をしつつ在宅でお仕事を少し。でも、一番の仕事は家族の健康を食事で支えることだと思って、日々料理をしています。子どもとの時間も欲しいし、仕事もしたいし、好きなコーヒーを飲む時間も欲しいし……と欲張りを少しでもかなえるためにしっかり毎週作りおきを作るようになりました。

▶ 2015/09/06
鮭の白子大好き

マカロニサラダ、きゅうりの漬け物、きのこのピクルス、蒸しさつまいも、蒸しじゃがいも、鮭の白子の煮つけ、バジル風味のキャロットラペ、炒めなす、玉こん煮、かぼちゃのグリル、刻みねぎ、塩ゆで枝豆、紫玉ねぎのマリネ、塩豚漬け込み、スライスしいたけ（冷凍）、カラフル千切り野菜 ピーマン・パプリカ・玉ねぎ・にんじん（小分け冷凍）、ゆでマカロニ（小分け冷凍）

鮭の白子が大好き！ バターソテーでもゆでてポン酢でもいいけど、煮るとなんとも言えないおいしさ！

▶ 2015/09/09
マカロニパングラタン

にんじんとえんどう豆のマカロニグラタン、かぼちゃとじゃがいものニョッキ（息子）、ヨーグルト、黄金桃、ぶどう

マカロニサラダをマカロニグラタンにリメイク。パンもあるしマカロニパングラタン？ ランチョンマットは、ハネムーンのときにボリビアで買ったもの。カラフルな の大好きだけどちょっと料理を選ぶのです。

▶ 2015/09/13
今週の常備菜
高野豆腐としいたけの含め煮、彩り野菜の焼きびたし、蒸しさつまいも、ピーマンとちくわのきんぴら、ミニトマト、糸うりの中華和え、刻みねぎ、ゆで卵、青じそのピリ辛しょうゆ漬け、紫玉ねぎのマリネ、秋鮭のハーブオイル漬け、ゆでた糸瓜、戻した切り干し大根、ヌクマム、カラフル千切り野菜 ピーマン・パプリカ・玉ねぎ・にんじん（小分け冷凍）、鶏むね肉のにんにくヨーグルト漬け（冷凍）

糸瓜って、ゆでるとそうめんみたいなのがたくさん取れて摩訶不思議。シャキシャキでおいしーのです。

▶ 2015/09/14
サンドイッチで朝食
ごま＆オーツブレッドのサンドイッチ、きのこのピクルス、ヨーグルト、ネクタリン、かぼちゃのグリル（息子用）、塩ゆでえんどう豆（息子用）

昨日、どうしても眠くて眠くて、朝旦那に息子の世話を頼んで長めに寝ていたら、機嫌が悪くグズグズだったらしく。散歩に連れていっても歩いてくれなかったようで、家にいても泣き声が聞こえて、結局寝られず。旦那に頼んでひとりで出かけるとか、まだまだできないなぁ。

▶ 2015/09/27
今週の常備菜
カットねぎとしいたけの飾り切り（すき焼きの仕込み）、みょうがの甘酢漬け、いちじくのコンフィチュール、さつまいもの甘辛炒め、キャロットラペ、ねぎと厚揚げのすき煮、きんぴらごぼう、紫キャベツのマリネ、納豆の小分け（冷凍）、ミニトマト、刻みねぎ、黒こしょうたっぷり鶏ハム、カットしいたけ（冷凍）、さつまいものグリル、ゆでアスパラ

いちじくのコンフィチュールとかオシャレに言ってみたけど、まぁジャムです、はい。

Column 31
HUEさんのおいしい作りおき。

▶ 作りおきの定番メニュー
刻んだ薬味、キャロットラペ、きゅうりとパプリカのピクルス、ゆで野菜を数種類。

▶ 簡単にできる作りおきメニュー
薬味のしょうゆ漬け（細かく刻んだねぎ、みょうが、大葉、しょうが少々をしょうゆ150㎖、みりん大さじ2、酢・みそ・砂糖各小さじ1につけておくだけ）、塩豚（塊の豚肉に砂糖と塩をまぶして1日～2日冷蔵庫で寝かせるだけ）。

▶ 好評＆大好きな作りおきメニュー
夫が好きなのは漬けまぐろと牛すじの煮込み（作ってー！とよく言われるのですが、時間がかかるのでたまにしか作りません。夫が好きなものほど、もったいぶってしまいます。笑）。私は切り干し大根のごまサラダが好き。

32 naomiさん
naomi

Instagram user name [@noe824]
https://instagram.com/noe824/

作りおき歴
本格的に始めたのは今年の5月10日から
作りおきをする日は？
日曜日。随時作り足す感じ
作りおき開始の時間と所要時間は？
日曜日の午後から2時間〜2時間半
作りおきする品数は？
8品目ぐらい

週末の作りおきが私のリフレッシュタイムになっています。

結婚3年目。主人と2歳の息子との3人家族。大阪府在住で2015年5月よりフルタイムで働くお母さんやってます。作ることも食べることも大好きの食いしん坊。家族みんなでおいしいものを食べたい。息子の保育園弁当をきっかけに作りおき生活も始めました。週末の作りおきが私のリフレッシュタイムにもなっています。

▶ 2015/06/08
週末作りおきでストレス発散

オクラ・きゅうり・ちくわのかつおぶし和え、アジの南蛮漬け、塩ゆでブロッコリー、卵巾着、塩そぼろ、カレー風味のマカロニサラダ、結びこんにゃくの煮物、チキンカツ、鶏ハム仕込み

塩そぼろの使い勝手が良かったのでリピート。週末の常備菜を作っているときが一番楽しい。冷蔵庫がいっぱいになると安心だし、ストレス発散になる！

▶ 2015/06/11
誕生日にコロッケ弁当

主人の誕生日なので、大好きなコロッケを入れました。作りおきの塩そぼろと粉ふきいもですぐ作ることができました。海苔とかで文字を書けたらいいんだけど、そんな器用なことはできないので、マスキングテープで旗を。恥ずかしかったと言いながらも、少しは喜んでくれたかな。

▶ 2015/06/15
便利な鶏ミンチの揚げ巻き

肉じゃが、春雨サラダ、ゆでオクラ、生鮭のみりん漬け、煮卵、鶏ミンチの揚げ巻き、ちくわのオイスター炒め、チンゲン菜としめじ、切り干し大根の炒め煮、タラのフライ

平日にこれがあると、バタバタしなくて済むから、なんとかやってます。料理が案外リフレッシュになってたり。

▶ 2015/06/15
常備菜でお弁当

鶏ミンチの揚げ巻き照り焼き、小えび入り卵焼き、ちくわオクラ、にんじんしりしり、小松菜とソーセージのカレー炒め

ちくわにオクラを詰めてる人をよく見かけるのでやってみたけど、柔らかくて詰めにくい……。みんなどうやってんだろう?

▶ 2015/07/27
今週の作りおき

鶏チャーシュー、えびと枝豆のふわふわ揚げ準備、かぼちゃの塩バター煮、パプリカときゅうりのピクルス、なすとかぼちゃの揚げびたし、えびフライ、カリカリごぼうみそ、塩ゆでオクラ、鶏そぼろ、小松菜と油揚げの炒め煮、ゴーヤのつくだ煮

私の作りおきに欠かせないのが、野田琺瑯のバット。揚げ物を作って、そのまま冷凍したりと便利。ハンバーグなどのトマトの色やニオイも付きにくいところも気に入っています。

Column 32
naomiさんのおいしい作りおき。

▶ 作りおきの定番メニュー

冷凍しておけるフライ、かぼちゃの煮物、にんじんグラッセ、最近ではピクルス。

▶ 簡単にできる作りおきメニュー

2015/07/27の、ふわふわ揚げ。えびとはんぺん、鶏ミンチを加えて揚げるだけ。彩りに枝豆、ひじき、黒ごまを加えて揚げる。はんぺんが入ることで味つけも特に必要なく、固くなりにくいです。母がよく作ってくれたものに鶏ミンチでボリュームを足しました。

▶ 好評&大好きな作りおきメニュー

鶏ミンチを油揚げで巻いて、レンジで蒸したものは、そのまましょうがじょうゆで食べてもいいし、酢豚みたいな炒め物にも。あとは照り焼きにしたりとアレンジがききます。

33 更紗さん
sarasa

Instagram user name [@_sarasa_923]
https://instagram.com/_sarasa_923/

作りおき歴	半年前くらいから
作りおきをする日は？	金曜か土曜
作りおき開始の時間と所要時間は？	昼前から夕方にかけて
作りおきする品数は？	15品目くらい

買い物は月2回。節約しながら、季節の野菜たっぷり、品数も多く作りたい！

奈良県、20代主婦。毎日の料理を手間と時間をかけずに作りたくて、作りおきしてます。和食中心で、なるべく同じような料理が、かぶらないように気をつけているつもりです。季節の野菜を中心に、安いもので品数多く作りたいと思っています。また洋食や中華と作れる範囲を広げたいです。

▶ 2015/09/04 ｜ 節約にもなる作りおき

アスパラ肉巻き、白ねぎ肉巻き、なす焼きびたし、豆腐としそのつくね、サラスパ、クリームシチュー、カットなす・カットにんじん・カット大根（みそ汁用）、鶏と水菜の漬け物のマヨ炒め、ちくわ煮びたし、もやしナムル、塩ゆでブロッコリー、カット豆腐、ピザ、煮豆、昆布、カットこんにゃく、コーン、大葉、カットねぎ、カスタードクリーム、カットさつまいも・じゃがいも、塩卵、ピザ

私の場合、木曜に買い物して金曜に常備菜作り、次の木曜にもう一度常備菜作り、その次の木曜に買い物して金曜に常備菜を作るって流れで、買い物は月2回なんです。今月食費は2万円で済みそう♪

▶ 2015/10/03 ｜ 今週の常備菜♪

赤魚の煮つけ、麻婆なす、水菜の肉巻き下準備、しょうがスープ、塩ゆでブロッコリー、カットじゃがいも、カットにんじん、カット大根、カレー、ごぼうとれんこんのきんぴら、カットさつまいも、さつまいものレモン煮、カットパプリカ、カット小松菜、マカロニサラダ、大葉、カットねぎ、鶏ももの塩レモン漬け下準備、鶏もものカレーマヨ漬け下準備、チキンカツ下準備、から揚げ下準備×2、しその豆腐ハンバーグ下準備、カット白菜

作りおきは1週間ほどでうまく使い切れるように考えてます。酢が少しでも入っていると日持ちがアップしますよー。

▶ 2015/10/04
水菜の肉巻き

水菜の肉巻きは、ポン酢でさっぱりいただきました。水菜が肉の脂を吸って、とってもジューシーですよー。そして昨日の運動会、めっちゃ感動して泣けた！

Column 33
更紗さんのおいしい作りおき。

▶ 作りおきの定番メニュー

塩ゆでのブロッコリー、味玉、マカロニサラダ、から揚げの下準備（冷凍用。冷凍ものは解凍後ひと手間加えます）。

▶ 簡単にできる作りおきメニュー

いろんなおひたし、炊飯器でチャーシュー、塩ゆでの野菜。

▶ 好評&大好きな作りおきメニュー

漬け物。味玉は子どもたちが喜んでくれますね！ いつものご飯に味玉をのっけておくだけでも、好評です。塩玉は、好みの濃度に作った塩水にゆで卵をつけておくだけです♪ 1日漬けると味がしみてるので、ドレッシングやマヨネーズを使わずにゆで卵が食べやすくなります。

33:sarasa

34 飯田聡実さん
Iida Satomi

Instagram user name「@satomiiid」
https://instagram.com/satomiiid/

作りおき歴	約1年
作りおきをする日は？	平日。週の始めに作り、作り足していきます
作りおき開始の時間と所要時間は？	子どものお昼寝中。2〜3時間
作りおきする品数は？	10品前後です

作りおきは私にとって大切な時間管理術。

金沢市在住の30代専業主婦です。夫、娘、息子、私の4人家族。多種類の食材を使い、家族の体に優しい食事を心がけています。私にとって作りおきは日々の料理の勉強。そして自分の生活スタイルと性格に合った時間管理術のひとつだと思っています。他の家事をする時間、家族との時間、ひとりの時間を作り、毎日楽しく過ごすために大切なものです。

▶ 2015/04/21
常備菜とおやつと下ごしらえ
鶏ミートソース、ウインナー焼きそば、フルーチェいちごのせ、有機ルイボスティー3ℓ、大根葉と小松菜としらすのふりかけ、鶏そぼろ、カット野菜、大豆水煮、大根下ゆで、赤しそチキン下ごしらえ、(ゆかり、ヨーグルト、しょうゆ、にんにくで味つけ。樋口正樹さんレシピを参考に)、ひじき煮、かぼちゃ煮つけ。最近買ったしょうゆスプレー、有機チアシード、てんさい糖

午前中の2時間、10キロの子どもをおんぶしながら作りました。これがあると朝ご飯とお弁当が楽！

▶ 2015/08/06
今週後半の常備菜
しゅうまい下ごしらえ(冷凍用)、ラタトゥイユ、さつまいものきんぴら、さばそぼろ、蒸しささみほぐし、大葉(水につけて保存)、かぶの葉ふりかけ、ミニトマト、ゆでオクラ、玄米甘酒入り牛乳寒天、しょうがすりおろし(冷凍用)、金時草(きんじそう。加賀野菜。酢の物用下ごしらえ)

午前中たくさん遊んで子どもたちのお昼寝中に作りました。冷凍庫に下ごしらえした野菜や手作り冷凍食品が増えてきました。ちゃんと整理整頓して使い切りたいです。

▶ 2015/08/25
お弁当用にから揚げ小分け
なすししとういんげんの揚げびたし、塩から揚げ、にんにくオリーブオイル漬、カット梨、ぜんまいの煮物、ピクルス（赤黄パプリカ、にんじん、きゅうり）、さばのみそ煮、高野豆腐の含め煮、大豆ひじき煮

揚げびたしは旦那さんの大好物です。から揚げは鶏もも肉約1キロ分。今からお弁当用に小分け冷凍します。さばのみそ煮はとり野菜みそとしょうがたっぷりで作りました。

▶ 2015/09/15
下ごしらえメインの常備菜
鶏モモ下味冷凍用（みそ漬、ゆかりヨーグルト漬）、手羽元タンドリーチキン下味、スイートかぼちゃ、カットねぎ冷凍用、ほぐししめじ冷凍用、にんにくオリーブオイル漬、蒸しさつまいも、れんこんと海苔のはさみ焼き、ゆでブロッコリー、ポテトサラダ、はたはた塩焼き、大根とにんじんのピクルス、ミニトマト

今日は下ごしらえメインです。小さい頃から大好きな母の味のポテトサラダはごろごろ具だくさん。

▶ 2015/09/29
秋らしい常備菜
さつまいもご飯、さんま煮、小松菜と油揚げの煮びたし、車麩と玉ねぎの煮びたし→卵とじに、ねぎ、揚げ、しめじ小分け、豚肉のしょうがじょうゆ麹漬、鶏肉のゆかりヨーグルト漬、鮭のみそみりん漬、れんこんお焼き（青じそ、のり）、塩ゆで枝豆、かぼちゃのクリームチーズサラダ、ミックスナッツはちみつ漬

最近なかなかまとめて作りおきできてなかったので、久しぶりに冷蔵庫が満たされてうれしいです。

Column 34
飯田聡実さんのおいしい作りおき。

▶ 作りおきの定番メニュー
鶏そぼろ、ひじき煮、ラタトゥイユ、小松菜と油揚げの煮びたし、高野豆腐の含め煮、タンドリーチキン、にんにくオリーブオイル漬け、丼ぶりの素。

▶ 簡単にできる作りおきメニュー
鶏そぼろ（しょうゆ：砂糖：みりん：酒＝大さじ3：2：2：1、しょうがをお好みで少々を鍋で煮立たせ、鶏むねミンチ約200gを入れ中火で5分ほど炒るだけ）、にんにくオリーブオイル漬。

▶ 好評＆大好きな作りおきメニュー
タンドリーチキン下味（鶏もも肉、ヨーグルト、ケチャップ、カレー粉、にんにく、塩こしょうなどをジップロックの袋に入れてもみ込んだあと、焼かずに冷凍庫で保存）。

34：Iida Satomi

Instagram user name [@yocco0112]
https://instagram.com/yocco0112/

作りおき歴
3、4年前ぐらいから
作りおきをする日は？
週末や忙しくなる日の前日、すき間時間で
作りおき開始の時間と所要時間は？
まとめて作るときは集中して1、2時間ほど
作りおきする品数は？
平均5〜7品ぐらい

家族みんなが
ホッとできる
ような、普通だけど
おいしい食事を
目指しています。

京都府在住。夫と中学生の息子と3人暮らし。本と音楽とカフェが好き。もともと少食だった息子に、「食」に興味をもってもらいたい一心で、一緒に料理やお菓子作りを楽しんできました。息子が成長期に入りハードな部活もしているので栄養面に気を配りつつ、家族みんながホッとできるような、普通だけどおいしい……そんなご飯やお弁当を目指して日々料理しています。

▶ 2015/09/06
今日は洋食セット
煮込みハンバーグ、ミックスビーンズのジャーサラダ、ベビーリーフ、マッシュポテト、塩ゆでブロッコリー、にんじんグラッセ、お弁当用ハンバーグ、シャインマスカット、ミニトマト、グレープフルーツマリネ、はちみつレモン、ブロッコリースプラウト、キウイはちみつ漬け

調理の際、余計な水分が残っていると、おいしくないし傷みやすいので、水気はよく切るようにしています。

▶ 2015/09/13
今日の作りおきは合いびき肉祭り
なすのミートグラタン、塩ゆでブロッコリー、フリルレタス、甘長とうがらしとじゃこの甘辛煮、きんぴらごぼう、さつまいものはちみつレモン煮、オムレツ用そぼろ、ミニトマト、ドライカレー、ラディッシュ、ピリ辛きゅうり、シャインマスカット、いちじく、お弁当用ちくわ、キウイはちみつ漬け、にんじんみじん切り、はちみつレモン

今日の作りおきは、合いびき肉祭りになってしまった（笑）。

35:yocco
140

▶ 2015/09/22
今日の作りおき
白菜とベーコンのミルクスープ、ミラノ風カツレツ、塩ゆで絹さやとブロッコリー、厚揚げピリ辛煮、ピーマンとこんにゃくのきんぴら、にんじんレモンのきんぴら、豚のしょうが焼き下ごしらえ、しょうが焼き用合わせだれ、白髪ねぎ、さつまいもはちみつレモン煮、豆苗ナムル浅漬け、紫キャベツ塩もみ、ミニトマト、ちくわきゅうり、ナイアガラ、いちじくコンポート

ミラノ風カツレツ、パン粉にたっぷりのパセリとパルメザンチーズを入れました。

▶ 2015/09/27
今日の作りおき
大根と魚河岸揚げの炊いたん、塩ゆで野菜、根菜バーグ、れんこんのはさみ焼き下準備、ゆでいんげん、パプリカ和風マリネ、かぼちゃサラダ、トマトマリネ、焼き菓子用ラムレーズン、お弁当用つくね、ベビーリーフ、シャインマスカット、ピオーネ、紫玉ねぎ塩もみ

作りおきでは、当たり前ですが衛生面には気をつけています。野菜はあとで展開できるよう固めにゆでたりごま油をたらしてゆでたり。

▶ 2015/09/29
今日の中学生弁当
つくね、パプリカ和風マリネ、ほうれん草ごま和え、紫玉ねぎ塩もみ、ゆで卵、トマトマリネ

明日お弁当がいると前日の晩遅くに言われたときも、自家製冷凍食品や作りおきがあれば、あわてずに済みます♪

Column 35
yoccoさんのおいしい作りおき。

▶ 作りおきの定番メニュー
野菜の下ごしらえ、きんぴら、ナムル、しぐれ煮、肉そぼろ、塩豚、フルーツのマリネ、魚の幽庵焼き、油揚げの甘辛煮、にんじんのごま和え、みょうがの甘酢漬け。

▶ 簡単にできる作りおきメニュー
幽庵焼き、野菜の甘酢漬け、トマトマリネ、塩豚、フルーツのマリネ（ヨーグルトやフレンチトースト、ホットケーキのトッピングに）、ミートソース。

▶ 好評＆大好きな作りおきメニュー
塩豚、塩麹につけておいた鶏肉のから揚げ、鮭の幽庵焼き、ドライカレー、ビビンバ、フルーツマリネ、りんごとレーズンのシナモン煮、いちじくのコンポート。

ゆきママさん
yukimama

Instagram user name
[@yuki_cook_camera]
https://instagram.com/yuki_cook_camera/

作りおき歴
3年ほど。結婚してから始めました
作りおきをする日は？
基本的には土曜の夜
作りおき開始の時間と所要時間は？
20時半頃から。平均1時間半前後
作りおきする品数は？
目標8品。やる気によって増減

仕事と家事の両立のために。私なりの週末作りおき。

北陸に住んでいる30代です。1歳半の娘がおり、日頃は母に娘を預けてフルタイムで医療系の仕事をしています。「一汁三菜」のご飯を目標に、仕事と家事の両立はできないか？ と考えてたどり着いたのが私なりの週末の作りおきです。週末のちょっと頑張った自分が平日の自分を楽にしてくれます。

▶ 2015/06/07
離乳食にハヤシライス
大根とベーコンのコンソメ炒め、野菜たっぷりビーフン、小松菜とツナのサラダ、ズッキーニとにんじんの甘辛炒め、ゆでほうれん草、かぶとひき肉の煮物、いろいろ野菜とベーコンのケチャップ炒め、ズッキーニとじゃがいものしょうゆオリーブ和え、じゃがいものおやき（娘用）、ゆで納豆（娘用）、鍋は子どものためのハヤシライス（大人兼用）

カレーは食べない娘のために、子ども用ハヤシライスに挑戦したら見事完食！ よく食べるようになって、離乳食作りも楽しいわー。

▶ 2015/07/12
作りおきは細切れ作戦で！
いんげんとにんじんのごまマヨ和え、ゴーヤの梅和え、キャロットラペ、なすとピーマンのみそ炒め、なすとパプリカの甘酢炒め、小松菜とツナと塩昆布の和え物、いんげんとじゃがいものオイスターソース炒め、大根とにんじんの煮物、ゴーヤチャンプルー用のゴーヤ（塩もみ済み）

作りおきは昨日2品、今日の朝2品、お出かけから帰って4品を作るという細切れ作戦でした。来週も乗り切るぞー。

36:yukimama

▶ 2015/07/13
作りおきで朝ご飯

黒米入りご飯、かぶの葉のおみそ汁、キャロットラペ、鰤の照り焼き、小松菜とツナと塩昆布和え

朝食も夕食も、主菜だけを作って作りおきから副菜を2品出すことが多いです。結婚当初、家事と仕事の両立に悩んでいたときに、たまたま週末に3品ほど作りおきをしてみたら、平日のご飯作りがすごく楽だったことがきっかけで作りおきにハマりました。

▶ 2015/08/02
らっきょう酢で酢の物

（左下から上へ）さつまいもとにんじんの塩きんぴら、オクラのだしびたし、なすのねぎ塩炒め、たこときゅうりの酢の物（今回はらっきょう酢使用）、小松菜と油揚げの煮物、かぶのゆかり和え、ゆで枝豆（冷凍保存してご飯や幼児食に）、小口ねぎ（こちらも冷凍保存）、おみそ汁用かぶと小松菜

きゅうりで酢の物を作ってみました。今回はらっきょう酢で。

▶ 2015/08/02
娘ご飯 お弁当バージョン

アフロちゃんご飯（かつおぶしふりかけ）、ウインナー、オクラのだしびたし、プチトマト、さつまいもとにんじんの塩きんぴら

お昼にかけてお出かけだったので、今日は作りおきを詰め込んだお弁当。大人のを分けてあげることもあるんですが、卵の有無が表記されてない場合もあるので（娘は卵白アレルギー）、お弁当を持参することが多いです。

Column 36
ゆきママさんのおいしい作りおき。

▶ 作りおきの定番メニュー

素材を変えて「きんぴら」「ごま和え」をよく作ります。きんぴらはにんじんとまいたけ、にんじんとピーマン、ちくわなど。ごま和えは春菊やほうれん草や小松菜で。

▶ 簡単にできる作りおきメニュー

ほうれん草は大量にゆでて、ごま和えとおひたし用とおみそ汁用の3用途に分けています。最初はこのくらい簡単なことから始めました。おみそ汁用に小分け冷凍するだけで、かなりの時短になります。

▶ 好評&大好きな作りおきメニュー

さつまいもツナサラダ。マッシュしたゆでさつまいもに炒めた玉ねぎのみじん切りとツナとマヨネーズを入れて混ぜるだけです。

36:yukimama

37 AKANEさん
akane

Instagram user name [@apricot106]
https://instagram.com/apricot106/

作りおき歴
2015年2月から
作りおきをする日は？
土曜日に買出し、日曜日の午前中に作りおきしています
作りおき開始の時間と所要時間は？
朝ご飯を済ませたあと、2〜3時間
作りおきする品数は？
平均で6品目ぐらい

自分のペースで無理せず作りおき。

兵庫在住。30代前半専業主婦。レシピを見ないと料理が作れないぐらい料理が苦手です。毎日の献立を考え、料理をすることが苦痛しかなく、3人の子育てをしながら一日中「ご飯何にしよう」とばかり考えてました。作りおきを始めてから、そんなストレスも軽減し、慌ただしい夕飯前の時間もゆったり過ごせるようになりました！無理はせず自分のペースで、作りおきがレベルアップできるよう頑張っています。

▶ 2015/07/19
今週の常備菜

じゃがいもとピーマンのオイスター炒め、こんにゃくとにんじんのきんぴら、マカロニサラダ、塩味卵、ちくわの磯辺揚げ

ちくわの磯辺揚げは母がよく作ってたので大好き。以前作りおきをしていなかった頃は白ご飯にメインおかず1品だけ……という日がよくありましたが、少しずつ副菜を出せるようになり、節約にもなってうれしいです。作りおきがすっかり習慣になりました。

▶ 2015/08/16
おいしい塩味卵

にんじんマリネ、塩味卵、オクラのだしひたし、じゃがいもとさつま揚げのしょうゆ炒め、かぼちゃのグリル、ちくわとゴーヤのチャンプル、紫玉ねぎときゅうりとツナのサラダ、肉みそ、ブロッコリーとベーコンの炒め物、鮭のポン酢照り焼き

義実家からお野菜をたくさんもらって帰ってきたので助かるー！　とってもおいしい塩味卵、半熟卵の殻をむいたやつを塩だれにつけます。クックパッドID:347017です。

▶ 2015/09/13
ミシン時間のために作りおき♪

塩味卵、枝豆の塩昆布和え、にんじんマリネ、えのきわかめ、オクラとにんじんの豚肉巻き、チャプチェもどき、照り焼きこんにゃく、ピーマンとちくわとじゃこのつくだ煮、なす南蛮、さつまいものレモン煮、ロールいかでバターポン酢炒め、かぼちゃの煮物

ハンドメイドイベント用の作品作り、今週がラストスパート！ 常備菜も少し頑張って作ったので気合いで乗り切ります。すべてはミシン時間のため♪

▶ 2015/10/05
今週の常備菜・作りおき

肉だんごの甘酢あん、ピーマンとじゃこのつくだ煮、カレイの煮つけ、小松菜とにんじんのナムル、エリンギとしめじのマヨじょうゆ炒め、小松菜と厚揚げのしょうが炒め、さつまいもの煮物、こんにゃくとにんじんとちくわのきんぴら、塩味卵

お出かけや運動会明け(何もしてないけど)でクタクタだけど、作りおき。Instagramで記録を残すことで続いてる。いいねやコメントもかなり励みになってます！

▶ 2015/10/06
お弁当日を忘れてたけど

今日小学校のお弁当日だったのを忘れてて朝からあせりまくり。いつもなら茶色いお弁当になりがちですが、常備菜のおかげでお野菜プラス。助かった！
作りおき、いつも日曜の午前中に作ってます。その時間は家族もそれぞれまったりしてるので(笑)。

Column 37
AKANEさんのおいしい作りおき。

▶ 作りおきの定番メニュー
塩味の味つけ卵、キャベツのしそあえ、にんじんマリネ。

▶ 簡単にできる作りおきメニュー
和え物や、煮びたしなど短時間でできるのでよく作ります。

▶ 好評&大好きな作りおきメニュー
塩味の味つけ卵は家族みんながハマっています。

37:akane

38 chicchi07さん
chicchi07

Instagram user name「@chicchi07」
https://instagram.com/chicchi07/

作りおき歴	1年前から
作りおきをする日は?	平日、時間のあるときに作ってます
作りおき開始の時間と所要時間は?	2時間ほど
作りおきする品数は?	6品〜17品

WECKは保存期間が長くてとても便利です。

北海道札幌市在住、専業主婦。作りおきさえ作っておけば、一食一食にかける時間が短縮されるので今では欠かせないものになっています。私たち夫婦は毎日同じメニューが苦手なので、少なめで作っています。保存が効くWECK(ウェック)の小さめの容器に入れ、物によっては一度に食べ切れる量にしたりしています。

▶ 2015/02/23 | 今週の常備菜☆

まるごとみかんのゼリー、アスパラとベーコンのペッパーソテー、マカロニサラダ、切り干し大根、文旦(むいただけ)、きんぴらごぼう、お好み焼き、塩麹きんぴらごぼう、マッシュさつまいも、切り干しナポリタン、大学いも、春巻きの中身

息子の昼寝中に大急ぎで作ったよ。あとはメインを作るだけ。今週も副菜充実で楽ちんご飯〜。「切り干しナポリタン」は、パスタの代わりに切り干し大根を使うって感じみたいです。今回初めて作りましたよー♪

38:chicchi07
146

▶ 2015/03/05 | 今週の常備菜

アスパラゆでただけ、煮りんご、カスタードクリーム、切り干し大根、ほうれん草のごま和え、もやしときゅうり・ハムの中華サラダ、野菜たっぷり肉みそあん、甘酢中華たれ（しょうゆ：砂糖：みりん：酢＝1：1：1：1）、大学いも、れんこんとにんじんのはちみつみそ麹きんぴら、味玉、塩ねぎこんにゃく、ほうれん草とにんじんのナムル、親子丼の具

- -

うちの常備菜は食べ切りサイズみたいな量（笑）。にんじん1本スライサーで細切りしてレンチンしたら、1／3はきんぴら、1／3はナムル、最後の1／3は切り干し大根にって感じ。ちょこちょこ料理が量産できる（笑）。これだと手抜き料理でも副菜充実してるから、手抜きっぽくないのです（笑）！

▶ 2015/03/16 | 朝活で作りおき

きのこ炒飯の素、味玉、グラタンかハンバーグ用レンチン玉ねぎ、ブロッコリーの茎とハムのきんぴら、麻婆春雨、にんにくの芽の炒飯の素、カレー味ジャーマンポテト、アスパラ入りマカロニサラダ、こんにゃくとごぼうの甘辛煮、鶏肉とごぼうの甘酢からめ、鶏肉のトマト煮、高野豆腐の含め煮、50℃洗いのブロッコリー、トマトソースのペンネ

- -

今回は息子寝てる間に朝活とやらで作成。ブロッコリーは下ゆでなしで50度洗いすると鮮度がよみがえってもちが良くなるらしい。どれどれ。実験してみようってことで今回試してみた。鶏のトマト煮のうま味たっぷりソースを少し拝借して、ペンネのソースにも使ったよ。

▶ 2015/03/26 | ポテサラの黄金比

ラムレーズン、みかん入りオレンジゼリー、蒸かした紫いも、タンドリーチキン下ごしらえ中、マンゴー入り水切りヨーグルト、さつまいもペースト、きのこ炒飯の素、揚げごぼうの塩麹きんぴら、鶏肉＆コーンのマジソルソテー、切り干し大根の中華サラダ、切り干し大根の大葉ちくわマヨサラダ、トマトソース、タコライスの素、味玉、照り焼きチキン、ポテトサラダ、輪切りごぼうと大豆の甘酢絡め、鶏じゃが

キューピー様による、ポテトサラダの黄金比率（いもとかの具材総重量：マヨ＝5：1）をやってみたけど、ほんとちょうどいいマヨ加減でした。16cmのストウブで作った鶏じゃがは、1ℓのWECKにピッタリ。WECKは、脱気すれば日持ちするからホント助かる。

▶ 2015/04/06 | 今週の常備菜

さつまいもとレーズンのクッキー、牛のレバニラ、ミートソースマカロニ、味玉、小松菜＆油揚げのめんつゆ炒め、豚肉＆しめじのソテー（豚丼の素）、さつまいも＆クリチ＆ナッツ＆ラムレーズンのメープルサラダ、マカロニサラダ、切り干し大根、50℃洗いの水菜、豚レバー＆鶏ハツの甘辛煮、ごぼう入り煮豆

今日はクッキーと豚の角煮に時間取られたー！でも、今週もこれで楽できる！ さつまいも＆クリチ＆ナッツ＆ラムレーズンのメープルサラダは、さつまいもを先に蒸かしてつぶして、そこにクリームチーズを入れて、ナッツやラムレーズンを入れて塩こしょうして好みの味に♪

▶ 2015/04/15 ｜ 積み上げた常備菜♪

なめたけ、カットオレンジ、レンチンにんじん、50℃洗いの水菜、大根と鶏肉とにんじんの煮物、干し貝柱入りなめたけ、アスパラとちくわのマジソル炒め、甘辛こんにゃく、蒸かしさつまいも、きんぴらごぼう、トマトの砂糖漬け、もやしときゅうりとハムの中華サラダ、まぐろの甘露煮、鶏のから揚げ下味中、油揚げと水菜の煮びたし、キャベツとにんじんのからし漬け、味王

息子が昼寝から起きたので、さっさと常備菜を積み上げて写真撮ろうとしたら、積み上げた常備菜に夢中の息子。ベンチに立って写り込んでおります（笑）。ストウブで作った煮物、味がしみしみでおいしかった。息子パクパク。

▶ 2015/04/27
今日の常備菜

アセロラゼリー、コーン、カットみかん、ゆでオクラ＆ゆでアスパラ、きんぴらごぼう、じゃがウインナー、手羽元じゃが、ひき肉カレーグラタン、焼きししとう、ピーマンにんじん塩麹きんぴら、にんじんいんげんごぼうチーズのマジソル豚肉巻き、チリコンカンに肉だんご、ピーマン肉詰め、ビーフシチュー、蒸かしかぼちゃ、ひじき煮物、れんこん挟み焼き、クラムチャウダー、50℃洗い水菜＆レタス、豚の角煮

連休に入るけど、うちにはねこ様が3匹いるから旅行は行けても一泊か日帰りなので常備菜いっぱい作ったよ。

Column 38
chicchi07さんのおいしい作りおき。

▶ 作りおきの定番メニュー

きんぴら、ホワイトソース、トマトソース、ひき肉料理、いもを使ったもの（肉じゃが、ポテトサラダ、大学いもなど）。

▶ 簡単にできる作りおきメニュー

鶏のトマト煮、パスタを使った料理。

▶ 好評＆大好きな作りおきメニュー

トマトソースで煮たチキン、いも餅。

39 大木聖美さん
Ohki Satomi

▶「我が道ライフ」
http://wagamichilife.jp/

作りおき歴	5〜6年
作りおきをする日は？	月曜日と週末前
作りおき開始の時間と所要時間は？	午前中買い物へ行き、その後1時間くらい
作りおきする品数は？	2〜3品。野菜の下ごしらえ3〜5品

作り過ぎず、2、3日で食べ切れる量を作っています。

横浜在住の整理収納アドバイザー。40代。中学生と小学校高学年の男子ふたりを中心に、家族みんなの健康を考え、野菜中心の料理をいつも考えています。とても小さな冷蔵庫を効率よく使えるよう、庫内の収納を吟味。家族みんながわかりやすくて使いやすい冷蔵庫を目指しています！ 作りおきは下ごしらえが中心です。

▶ 2015/07/26 ｜ 冷蔵庫の中身

我が家の冷蔵庫はとても小さいので買いだめはできません。その代わり奥までキッチリ管理できます。ボックスはラベルを貼って中身を明確に。細かいものはトレイにのせて奥まで取り出しやすいようにしています。中学生＆小学校高学年男子の胃袋をここで満たしてます。保存容器はiwakiパイレックスのパック＆レンジを10年以上愛用しています。ガラス容器で耐熱性があり、そのまま食卓にも出せちゃう‼ 作りおきは、作り過ぎないように気をつけています……。手持ちの保存容器に収まるだけ、2〜3日で家族が食べきれるだけを考えて作るよう心がけています。

▶ 2015/08/31　肉そぼろはたっぷり作ります

トマトと玉ねぎのオリーブオイル和え、れんこんきんぴら、ピーマンとベーコンのおかか炒め、なすのみそ炒め、肉そぼろ、野菜の下ごしらえ

トマトとみじん切りにした玉ねぎをオリーブオイルで和えたものは実家の母がよく作ってくれた夏の定番メニューです。長男のお弁当があるので冷めてもおいしいメニューをよく作ります。肉そぼろはご飯にのせたり、卵焼きに混ぜたり、ふかしたじゃがいもと混ぜて肉じゃが風にしたりとフレキシブルに使えるのでたっぷり作っています。子どもたちが大きくなってきたせいか、最近は冷凍する前にすべて食べ切ってしまうように。次回からひき肉はキロ単位で購入しなければ……うれしい悲鳴です。

▶ 2015/09/04
サーモンマリネは家族の大好物

ポテトサラダ、もやしとほうれん草とにんじんのナムル、ごぼうとにんじんのきんぴら、サーモンマリネ、塩きのこ（ゆでたしめじに塩をふったもの）、野菜の下ごしらえ（プチトマト、キャベツのざく切り）

お酢とレモンを効かせたサーモンマリネは家族みんなの大好物。おいしく作るコツは玉ねぎの薄切りを水に1日以上漬けることと、よく洗ってしっかり水気を切ること！

Column 39
大木聖美さんのおいしい作りおき。

▶ 作りおきの定番メニュー
きんぴら系。根菜類を蒸したもの。

▶ 簡単にできる作りおきメニュー
トマトを適当な大きさに切り、みじん切り玉ねぎ、塩、こしょう、オリーブオイルで和えたもの。／いかのくん製を適当に切り、セロリの斜め薄切り、レモンの薄切りをサラダオイルで和えたもの。／キャベツや白菜を切って耐熱容器に入れたものに、オリーブオイルと塩を和えてとろけるチーズをのせてオーブンで焼いたもの。／たたききゅうりにごま油と塩を和えたもの。白ごまと刻み海苔をまぶせば立派な1品。

▶ 好評＆大好きな作りおきメニュー
なすのみそ炒め、れんこんとにんじんのきんぴら。ローストビーフ。

お問い合わせ

本書に関するご質問や正誤表については下記のWebサイトをご参照ください。

インターネットをご利用でない場合は、FAXまたは郵便にて、下記までお問い合わせください。

刊行物Q&A
http://www.shoeisha.co.jp/book/qa/
正誤表
http://www.shoeisha.co.jp/book/errata/

〒160-0006 東京都新宿区舟町5
FAX番号 03-5362-3818
宛先　（株）翔泳社 愛読者サービスセンター
電話でのご質問はお受けしておりません。

※本書に記載された情報、URL等は予告なく変更される場合があります。
※本書の出版にあたっては正確な記述につとめましたが、著者や出版社などのいずれも、本書の内容に対してなんらかの保証をするものではありません。
※本書に記載されている会社名、製品名はそれぞれ各社の商標および登録商標です。
※掲載の情報は、各著者のブログ掲載時点のものです。

装丁デザイン	米倉 英弘（細山田デザイン事務所）	
DTP制作	杉江 耕平	
編集	本田 麻湖	

みんなの作りおき日記
週末ひと手間、平日らくらく。

2015年11月12日　初版第1刷発行

著者	SE編集部
発行人	佐々木 幹夫
発行所	株式会社 翔泳社（http://www.shoeisha.co.jp）
印刷・製本	株式会社 シナノ

©2015 SHOEISHA Co.,Ltd.

●本書は著作権法上の保護を受けています。本書の一部または全部について、株式会社 翔泳社から文書による許諾を得ずに、いかなる方法においても無断で複写、複製することは禁じられています。
●落丁・乱丁はお取り替えいたします。03-5362-3705までご連絡ください。
ISBN978-4-7981-4341-5　Printed in Japan.